LE MANAGEMENT À LA FRANÇAISE

essai sur la philosophie
de l'entrepreneuriat

par Michael Paraire

INTRODUCTION

REVENIR À L'ÉCOLE FRANÇAISE DU MANAGEMENT

L'inconscient collectif anglo-saxon Altruisme ou égoïsme, aide mutuelle ou concurrence féroce, Pierre Kropotkine, le biologiste libertaire, ou Charles Darwin, le biologiste conservateur, *L'Entraide, un facteur de l'évolution*[1] (1902) ou *L'Origine des espèces*[2] (1859) ? Quel est donc le concept, l'auteur ou le livre qui est le mieux à même de nous permettre d'appréhender, du point de vue d'une philosophie de la nature, la philosophie du management, les problèmes relatifs à ce que l'on appelle aujourd'hui la « gestion des ressources humaines » ?

Du fait de la domination outrancière de l'économie anglo-saxonne depuis la seconde moitié du XIXème siècle, celle de l'Angleterre victorienne tout d'abord, puis de l'Amérique du Nord, après la guerre de 1914-1918, il semble que les références conceptuelles, en terme de modélisation des rapports sociaux et entrepreneuriaux, se soient largement imprégnées d'idées, de valeurs, appartenant à la philosophie darwinienne ou néo-darwinienne. En quoi consistent-elles ?

Succinctement, il s'agit – une fois postulée la rareté des ressources naturelles et sociales disponibles pour l'enrichissement –, d'affirmer que seuls les « meilleurs », les plus aptes, les plus forts sont amenés à survivre, au « struggle for life », à la lutte pour l'existence que constitue le jeu social, concurrentiel et violent, propre à l'économie capitaliste. Tel est le fond dont se nourrit l'inconscient collectif qui préside à la représentation des relations économiques, dans le monde anglo-saxon, depuis deux siècles.

Une phrase, prononcée par « Loup Larsen » dans *Le Loup des mers* (1904) de Jack London, illustre parfaitement cette conception spécifique du darwinisme social : « Les gros, pour se nourrir, mangent les petits. Les forts, pour conserver leur force, dévorent les faibles. Ceux qui ont plus de chance sont plus gros que les autres et vivent plus longtemps. » Dans cette philosophie que Jack London rejetait, il n'y a pas de pitié pour les perdants. Les « winners » sont plus forts que les « loosers ». Il est donc parfaitement normal qu'ils survivent aux seconds, nécessairement condamnés aux « poubelles de l'histoire » quand ce n'est pas carrément à « faire les poubelles » pour survivre.

Or, ce modèle anglo-saxon des rapports sociaux, dans la mesure où il imprègne encore largement l'inconscient collectif des entrepreneurs modernes, joue un rôle déterminant dans la dégradation des relations sociales, dans l'apparition de ce que l'on a appelé la « souffrance au travail » ou encore les « risques psycho-sociaux ».

Sous prétexte, notamment à partir des années 80, de copier les « tycoon », les « magnats », les « battants » américains, l'ensemble du monde de l'entreprise, en France, s'est imprégné non seulement du vocabulaire mais aussi des logiques managériales états-uniennes. On a vu alors nos « Frenchies » s'américaniser, Bernard Tapie jouer les Donald Trump, Jean-Marie Messier, le fameux « J2M », se prendre pour un nouveau Rockefeller, avec les conséquences désastreuses que l'on sait pour le groupe Vivendi qui n'a été sauvé, en 2002, que de justesse.

Les années 80, que l'on appelle souvent les années fric ou les années paillettes, avec le « roi-dollar », auront été l'occasion d'un véritable lavage de cerveau collectif qui nous a fait oublier ce qu'était le « management à la française ».

France Telecom, une expérience cruciale Les années 90 auraient dû être l'occasion d'une remise en question de cet inconscient collectif anglo-saxon, avec sa litanie de « winners » autoproclamés mais il n'en a rien été. Tout au contraire, malgré la crise économique, on a vu s'affirmer, de plus en plus, dans le vocabulaire managérial, les valeurs triomphantes du darwinisme social. Les restructurations avec leurs cortèges de licenciements de masse ont été présentées comme des éléments de « flexibilité » naturelle, des « adaptations » nécessaires au marché, des « événements » inévitables, dans le cadre de l'évolution d'un système global plus général : la « globalisation » ou « mondialisation » des échanges. Cette mondialisation, ainsi que le prophétisaient les nouveaux chantres de l'économie dérégulée, devait être heureuse.

Mais, en guise de bonheur, on a vu le malheur se développer en Occident, particulièrement en France, où des pans entiers de l'industrie ont disparu, sous l'effet des délocalisations croissantes. Au nom de l'adaptabilité, de la flexibilité, de la « conduite du changement », un vocabulaire managérial s'est mis en place dans le domaine économique comme dans le domaine politique, en vue de nous faire comprendre que les « ressources humaines » exploitables à merci n'avaient qu'à bien se tenir. Nul n'est irremplaçable, désormais, d'autant plus que la longue cohorte des chômeurs attend le salarié récalcitrant qui aurait la mauvaise idée de contester une directive, fut-elle arbitraire.

En adoptant ces valeurs on a peu à peu perdu, en France, du moins en apparence, celles du mutualisme, de l'entraide, de la coopération qui avaient pourtant été constitutives d'un capitalisme à la française qu'il soit d'obédience catholique ou franchement laïque voire révolutionnaire.

On a donc fait passer à la trappe le souvenir du « paternalisme » des vieilles familles comme les Schneider, encore actif dans les années 60-70, ainsi que le « coopératisme », d'entrepreneurs sociaux comme Jean-Baptiste Godin[3] et son « Familistère » ou le « mutualisme » de banquiers « anar » comme Pierre-Joseph Proudhon[4] avec sa « banque du peuple ».

Tout cela au profit de la figure du « manager », du financier avide, conquérant, façon George Soros, portraituré dans *Wall Street*, d'Oliver Stone ou Jordan Belfort, joué par Leonardo DiCaprio dans le *Loup de Wall Street*. « Greed is good », « l'avidité, c'est bon », la devise de Gordon Gekko – le personnage darwinien, machiavélique de *Wall Street* –, est devenue alors le mantra de bien des chefs d'entreprise.

C'est ainsi que le management volontariste, propre aux enseignes américaines, s'est imposé comme la référence universelle. Motiver ses troupes, identifier ceux qui en « veulent » plus que les autres, adopter une attitude de gagnant, apprendre à devenir un « leader », un « tueur », faire des « tableaux » et des « rapports qualitatifs », dans le cadre du « Quality management », pour mieux imposer des objectifs purement quantitatifs et souvent irréalistes : telle a été la doxa managériale pendant plus de 30 ans.

Mais avec le drame de France Telecom qui a vu 35 personnes se suicider ou tenter de le faire, entre 2008 et 2009, tout ce bel édifice « managérial » a volé en éclats. On a commencé à se demander sérieusement où l'on allait, si tout cela avait du sens. Quel sens peut-il, du reste, y avoir à supprimer un cinquième de la masse salariale d'un groupe en deux ans soit 22000 personnes sur 120000 ? Si ce n'est l'exigence tyrannique du profit immédiat.

En matière de management, l'affaire France Telecom a constitué une « experimentum crucis », une expérience cruciale qui a révélé les failles du management darwinien. Mais en a-t-on tiré toutes les conséquences ? C'est ce qui reste à déterminer.

L'école française du management Si elle a constitué un véritable électrochoc, un authentique séisme dans le domaine de la compréhension des relations salariales, au point de faire émerger les notions de « harcèlement moral institutionnel » ou de « risques psycho-sociaux », l'affaire France Telecom n'a, en réalité, soulevé qu'un coin du voile.

Elle n'est pas parvenue, par exemple, au diagnostic selon lequel c'est l'application des directives managériales issues du darwinisme social anglo-saxon qui a conduit à la catastrophe « industrielle » dans la gestion des ressources humaines du groupe. Elle n'a pas permis de comprendre non plus que c'est l'écart maximal par rapport aux exigences du « management à la française » qui a conduit au drame social.

Tout s'est passé comme si la conception mutualiste de Jean-Baptiste Godin exposée dans *Mutualité sociale et association du capital et du travail* ou la « sociologie des organisations » inventée par Michel Crozier dans les années 60-70 n'avait servi à rien. Alors qu'il s'agit de la base théorique sur laquelle s'est construite la théorie « scientifique » de la gestion des Ressources Humaines, spécifiquement en France.

Il faut dire que la pensée de Michel Crozier, qui est pourtant le père de la philosophie française des RH, a été largement réinterprétée dans un sens, lui aussi, darwinien – ce qu'avait bien pressenti Alain Touraine dans son article sur *Le Rationalisme libéral de Michel Crozier*[5] (1964). Sa critique d'un certain archaïsme de l'administration française dans *Le Phénomène bureaucratique* (1964), d'un certain jacobinisme sclérosé dans *La Société bloquée* (1970), son plaidoyer pour un Etat « modeste »[6], recentré autour de ses fonctions régaliennes classiques dans *Etat modeste, Etat moderne* (1980), sa revendication pour plus de mobilité, de flexibilité et d'ouverture des systèmes de management ont été récupérés dans le sens de la justification du nettoyage salarial, de la dérégulation massive des rapports sociaux.

On s'est même cru autorisé à dire, avec Claude Allègre, en 1997, « Il faut dégraisser le Mammouth », et ce d'autant plus que le « Mammouth » – que ce soit l'Education nationale ou l'Etat français, décrit par Crozier –, semblait inadapté aux exigences d'un environnement toujours mouvant, mobile et de plus en plus concurrentiel. De là à considérer que le management inauguré par Didier Lombard à France Telecom a des allures de « sociologie croziérienne des organisations », il n'y a qu'un pas.

C'est pourtant faire peu de cas des notions sociologiques introduites par Michel Crozier, sa « philosophie de l'écoute », son insistance sur la nécessité de transformer « l'adversaire en partenaire »[7], sa réflexion sur le rôle central de la « coopération », y compris « informelle » dans l'entreprise, sur celui de la négociation ou encore son refus, maintes fois réitéré, d'appliquer aveuglément les règles du management du privé aux entreprises publiques ou semi-publiques.

Pire encore, toute la réflexion qui appartient à ce que l'on appelle la « micro-sociologie », qui étudie la part de liberté individuelle incompressible qui est celle du salarié « stratège » dans *L'Acteur et le système* (1977) a été passée par-dessus bord. Elle aurait pourtant pu servir de base à la construction d'une théorie de la protection individuelle de chaque salarié, « acteur du changement », concepts si chers à Crozier. Mais, là encore, le darwinisme social à l'américaine a prévalu sur les accords dissonants de la voix française. Et elle s'est tue jusqu'à ce que des auteurs comme Michel Moullet ou Gérard Taponat ne la fassent revivre à travers des ouvrages comme *Le Management clandestin* 1992), *Stratégie et esprit de finesse* (2002), *Dialogue social* (2016) ou *DRH, une aventure humaine* (2020). Il était temps !

Le management coopératif L'esprit coopératiste, mutualiste est le passager clandestin du capitalisme et du management à la française. Jeté aux oubliettes, en 1991, après la chute de l'URSS, en même temps que le collectivisme communiste avec lequel il a souvent été confondu, le principe de l'économie coopérative, de la mutualisation économique, a pourtant laissé des traces profondes dans le monde entrepreneurial français.

Présent jusque sur les frontons de quelques grandes enseignes – Crédit coopératif, Crédit mutuel, Mutuelles du Mans (MMA), MGEN –, l'esprit mutualiste, défendu par Jean-Baptiste Godin et Pierre-Joseph Proudhon, n'a pas rendu les armes, loin s'en faut.

On le dit peu, mais le chiffre d'affaire cumulé des entreprises coopératives s'élève, en France, à 329,3 milliards d'euros (2020)[8], et l'on compte parmi les grands groupes coopératifs des marques comme Leclerc, Super U, Hyper U, Intersport, Mr Bricolage, Biocoop, Optic 2000, Krys, Weldom, Jouéclub, Sport 2000, Crédit agricole, BPCE et Crédit Mutuel. Même si toutes ces sociétés sont loin d'être gérées dans l'esprit du « Familistère »[9] de Godin qui proposait, rappelons-le, un intéressement direct des ouvriers aux bénéfices de l'entreprise, elles témoignent néanmoins de la vitalité de l'esprit sociétaire dans la dynamique actuelle du capitalisme français.

Les journaux spécialisés dans l'économie : *BFM Business*, *Les Echos*, *La Tribune* n'en parlent pas beaucoup. Sur le coopératisme les médias font généralement silence.

Il se pourrait d'ailleurs que le goût du sensationnalisme journalistique, son obsession pour les OPA et les OPE, sa passion pour l'écosystème darwinien du capitalisme mondialisé, son amour immodéré du « self made man » à l'américaine, soit l'un des facteurs décisifs qui explique notre incapacité à penser, à comprendre, l'originalité des logiques coopératives du capitalisme français, jusque dans ses développements les plus « sauvages », en apparence.

Ainsi, lorsqu'un journaliste expérimenté de la rubrique « économie » du *Figaro*, Christophe Labarde, réalise en 2021 un livre sur l'équipe des grands patrons français réunis autour de Claude Bébéar[10], le fondateur d'AXA, il ne peut s'empêcher de les qualifier de « grands fauves », et de filer la métaphore darwinienne, tout au long de l'ouvrage. Il n'est donc question, en apparence, que de guerres « économiques, de caractères ou d'ambition ». Cela n'évoque-t-il pas le *Loup des mers* de Jack London ?

Pourtant, la lecture des *Grands fauves* nous révèle l'existence de bien autre chose, celle d'un puissant système d'entraide, entre des patrons d'obédience catholique, qui se sont soutenus mutuellement, au milieu de la tempête, pendant plus de 20 ans et ont réussi ensemble plutôt que les uns contre les autres.

Car, ce que ne comprennent pas les journalistes spécialisés, c'est que, pour survivre dans la « jungle capitaliste », il ne sert de rien d'être un « grand fauve isolé », ainsi que l'a montré l'exemple de Bernard Tapie, à travers sa chute dans l'affaire Adidas-Crédit Lyonnais. Tapie n'avait pas d'amis. Or, les grands fauves chassent en meute, en groupe. Ils se côtoient, se respectent, évitent de s'entre-dévorer pour mieux dévorer les autres. Ils n'hésitent pas, même, à se prêter assistance mutuelle et leurs « chamailleries » ne vont jamais bien loin.

A la question « Qui » du théoricien de l'entraide, Pierre

Kropotkine[11], ou du théoricien du « struggle for life », Darwin, est le plus pertinent pour décrire la vie économique, entrepreneuriale, managériale ? Il faut donc répondre « les deux mon capitaine » mais sous deux rapports différents. Sous celui du développement interne de l'espèce c'est la logique kropotkinienne de l'aide mutuelle, de la non-agression qui est facteur de progrès, sous celui de la lutte entre les espèces, c'est la logique darwinienne de la lutte pour l'existence qui préside à l'évolution des groupes.

C'est pourquoi aussi nos « managers darwiniens » récents se sont trompés. En appliquant les principes de la sélection sauvage à leurs propres organisations, en interne, à la façon de France Telecom. Ils les ont mises en péril, les ont fragilisées. Le management « interne » à l'entreprise ne peut être que coopératif, associationniste, mutualiste, proudhonien, kropotkinien, c'est la condition de sa réussite pour l'ensemble de l'organisation en croissance. En revanche, du point de vue du management « externe » à l'entreprise, « tous les coups sont permis », façon Darwin, puisque c'est la survie du groupe qui est en jeu. Mais cela est une autre histoire.

En tout cas, dans la mesure où il s'intéresse spécifiquement au management « interne », celui qui est étudié par la sociologie des organisations de Michel Crozier, cet ouvrage voudrait démontrer – à travers l'analyse d'exemples nombreux de grands entrepreneurs et d'histoires d'entreprises –, la supériorité du management coopératif, à la française, sur le management à l'américaine.

C'est le management à la française qui manque à notre époque, prétentieuse, vulgaire, sauvage, imbue de darwinisme social anglo-saxon. C'est aussi la force, la puissance, la vitalité de cette conception managériale que doit retrouver une philosophie des ressources humaines désireuse de se renouveler en puisant à la meilleure source de l'expérience entrepreneuriale : celle de l'histoire des grands entrepreneurs, compris comme grands meneurs d'hommes.

CHAPITRE 1

UN CONTRE-EXEMPLE PARFAIT :
L'AFFAIRE FRANCE TELECOM

Le management de guerre S'il est un contre-exemple parfait, un exemple type, presque chimiquement pur, de ce qu'il ne faut pas faire en terme de management, de ce qui est même aux antipodes de la culture managériale française, authentique, véritable, c'est l'Affaire France Telecom.

Cette affaire qui s'étend sur une période de cinq ans (2006-2011) a donné lieu à deux procès, le premier en 2019 et le second, en appel, en 2022. Un constat implacable en est ressorti : la mise en place d'un « management par le stress », la terreur, a conduit au suicide de 35 personnes, au sein de l'entreprise, entre 2008 et 2009. Elle a abouti à la condamnation des deux principaux dirigeants de l'entreprise, Didier Lombard, PDG et Louis-Pierre Wenès, n°2 du groupe, à un an de prison avec sursis et 15000 euros d'amende. La société France Telecom–Orange avait, quant à elle, été condamnée à payer une amende de 75000 euros de manière définitive, dès 2019.

Mais, si la critique des pratiques managériales des dirigeants, avec leur « crash programme » a été opérée, si des livres d'enquête comme *Orange stressé*[12] (2009) d'Olivier Duroy ont été écrits pour analyser les conditions de mise en place d'un « harcèlement moral institutionnel », et l'application d'un management « sournois et vicieux », d'une « cruauté scientifique », il semble que toutes les leçons de cette terrible affaire n'aient pas été tirées. On en est resté, comme souvent, à la surface des choses, en se contentant de dénoncer la « marchandisation du monde » ou la réduction des effectifs à un simple « capital humain ». Or, plus que d'une affaire de « capital », cette affaire révèle les failles d'une certaine « culture à l'anglo-saxonne » du management.

On n'a pas assez remarqué, par exemple que le plan NeXT, qui aboutit à la suppression de 22000 postes sur les 120000 que comptait l'entreprise a été concocté avec Obifive, une société internationale de coaching en management, spécialisée dans la « conduite du changement ». Or, comment le plan a-t-il été présenté ? A la façon d'un plan de guerre où la société France Telecom faisait face à la concurrence comme la RAF aux avions de la Luftwaffe, lors de la Bataille d'Angleterre, pendant la seconde guerre mondiale.

Contre les nazis, on l'aura compris, tous les coups sont permis ou comment introduire le « point Godwin », au-delà duquel plus aucune discussion n'est possible, dans les relations managériales. L'orage d'acier n'avait plus qu'à pleuvoir sur les salariés. Etait-il possible de prendre plus encore le contre-pied de ce qu'enseigne la sociologie française des organisations lorsqu'elle affirme la nécessité de transformer l' « adversaire en partenaire » ?

On s'explique mieux aussi les déclarations violentes de Didier Lombard lors des premières réunions ou le plan de « restructuration » fut présenté sans ménagement : « Je vous préviens, les choses vont changer ! Je viens vous présenter ma nouvelle équipe. Elle va jouer dans un registre que vous ne connaissez pas : ça va être « le bon, la brute et le truand »[13]. Encore une référence à la mythologie états-unienne, cette fois-ci c'est celle du « western spaghetti » à la Sergio Leone, un western plus trash encore que ne l'étaient ceux de John Wayne. On va faire du sale, ça va être sanglant et sans morale. C'est clair, on est, là aussi, aux antipodes de la philosophie de « l'écoute managériale » si chère à Michel Crozier.

Rétrospectivement, aussi, on s'explique mieux les déclarations hallucinantes et le déni dans lequel sont apparus les dirigeants, refusant même d'admettre la moindre crise sociale chez France Telecom. Les fameuses phrases, prononcées par Didier Lombard, sur « la mode du suicide » dans son entreprise ou le fait qu'il se soit décrit lui-même comme un simple « gaffeur » à son procès, ne sont pas seulement la preuve d'un manque d'humanité, d'une certaine forme de sentiment d'irresponsabilité navrant. Elles témoignent aussi de ce que les dirigeants se pensaient entièrement dans leur bon droit. Ils étaient du côté des winners, des gagnants, des battants, de ceux qui doivent faire le sale boulot pour parvenir à l'objectif, par tous les moyens possibles, point à la ligne. Mais, au fait, d'où vient leur modèle ?

Le Loup des mers Plusieurs modèles d'interprétation ainsi que de nombreuses références littéraires ont été évoqués pour analyser ce « dysfonctionnement managérial ». On a cru bon de faire référence à l'univers absurde et déshumanisé de Kafka dans *Le Procès* ou *La Colonie pénitentiaire*, tant il est vrai que le « management France Telecom » prenait des allures punitives, concentrationnaires.

Mais c'est bien plus à l'inconscient collectif du management anglo-saxon que l'on doit cette authentique catastrophe. En réalité, les dirigeants du groupe se la sont joué « à l'américaine » ou à ce qu'ils ont cru être la philosophie de l'entreprise des « winners » états-uniens. Ils se sont rêvé en « cost killers », en dirigeants financiers implacables façon Gordon Gekko dans *Wall Street* d'Oliver Stone.

Pas de quartier contre l'ex-entreprise publique « nounou » qui surprotégeait ses salariés fonctionnarisés. D'où la déclaration prononcée par Didier Lombard en 2007 : « Je ferai les départs d'une façon ou d'une autre par la fenêtre ou par la porte ». Tout cela sentait à plein nez le management gavé de testostérone façon Rambo, Rocky ou Schwarzenegger dans *Commando*.

Mais, plus profondément, c'est à l'inconscient collectif darwinien du « struggle for life », de la lutte pour l'existence, très développé dans la culture anglo-saxonne que renvoie cette tragédie. Théorisé par Francis Galton[14], qui se présentait comme un héritier fidèle de Darwin, le darwinisme social qui suppose que les places sont chères et que seuls les plus aptes survivront à l'expérience sociale, sans avoir à se préoccuper du destin de ceux qui ont échoué, avait servi de base à la justification idéologique de l'entreprise impériale victorienne. Il devait faire école dans l'esprit de bien des entrepreneurs américains et autres pionniers du nouveau monde, dès la deuxième moitié du XIXeme siècle.

Jack London, mieux qu'aucun autre aura su mettre en scène cette idéologie, à travers son grand roman *Le Loup des mers*. Il y campe le personnage d'un capitaine de navire, Loup Larsen, spécialisé dans la chasse aux phoques, qui fait régner la terreur sur son équipage. Imbu de philosophie darwinienne et nietzschéenne – on devrait dire pour être plus précis galtonienne –, Larsen proclame qu' « il n'y a qu'un droit, je le répète, celui de la force. Le faible a tort, uniquement parce qu'il est faible. C'est tant pis pour lui. ».

A bord du navire, le capitaine affirme avec violence ses vérités : « la vie n'a aucune valeur. Rien n'est meilleur marché ici bas. Et, si elle ne se dévorait pas elle-même, jusqu'à ce que les plus forts subsistent seuls, il n'y aurait pas sur notre globe, assez de terre et d'eau pour la contenir. » Autant de paroles sans pitié où les valeurs de l'altruisme n'ont pas cours.

On imagine que sur le bateau « Le Fantôme », dirigé par Larsen, le management est plutôt rugueux. Pression psychologique, humiliations, menaces, meurtres même sont le lot quotidien de marins désemparés qui subissent le pouvoir d'un chef tout puissant, qui se croit invincible.

Dans le roman, le surgissement d'un personnage plus fragile, Humphrey Van Weyden, nourri d'humanisme et de spiritualité, viendra perturber la belle mécanique managériale de Wolf Larsen. Mais dans la réalité, la contestation des directives managériales à France Telecom a opéré très lentement. L'antidote de la philosophie française du management à la Crozier, centré sur l'individu comme créateur de sa stratégie propre au sein de l'entreprise n'a pas fonctionné et les syndicats, comme les équipes managériales, ont mis du temps à réagir, beaucoup trop de temps.

Si 35 cas de suicides ou de tentatives de suicide ont été étudiés lors des différents procès de 2019 et 2022, en réalité c'est plus de soixante[15] personnes qui sont concernées dans la durée. Le syndicat SUD PTT n'a déposé plainte que fin décembre 2009 et la plainte n'a été enregistrée qu'en mars 2010.

Si l'on compte bien, l'enquête aura pratiquement duré 10 ans et les dirigeants, une fois condamnés, déclareront, seulement du bout des lèvres, avoir des regrets, considérant même que la peine qui leur est infligée est injuste. La mode n'était pas trop à l'autocritique chez ces managers « darwiniens », à l'anglo-saxonne. Pourtant, s'ils étaient restés fidèles à l'esprit du management à la française, coopératif, respectueux de l'individualité de chacun, rien de tout cela ne serait arrivé.

CHAPITRE 2

LE PATERNALISME À LA FRANÇAISE : UNE HISTOIRE D'HIER ET D'AUJOURD'HUI

Un management empathique A l'opposé du management à la sauce darwinienne, propre au monde anglo-saxon, la France a proposé une forme de management original dont les dirigeants de France Telecom auraient bien fait de s'inspirer. Ce management que l'on qualifie volontiers de « paternaliste » – car le patron se présentait devant ses ouvriers comme un père devant ses enfants–, n'était sans doute pas parfait mais il était loin d'être aussi désuet et inutile qu'on l'a dit.

Il a même donné lieu à de grandes œuvres, à la création de villes entières, disposant d'avantages non négligeables pour les ouvriers de l'époque. C'est ainsi que l'on a vu la famille Schneider, construire au Creusot, dans le Morvan, de véritables « cités ouvrières » dotées de services qui, pour l'époque étaient « révolutionnaires ». Construction d'écoles, de maisons individualisées avec jardin, élaboration d'un système de retraite, installation d'une caisse de secours destinée à apporter une première forme de protection sociale, d'une association sportive, d'une infirmerie : nombreuses furent les institutions « sociales »[16] que ces patrons catholiques réalisèrent de toute pièce.

Bien sûr, la création de ces institutions ne répondait pas qu'à un élan du cœur, de la compassion, de la « sympathie universelle », elle avait aussi pour but de freiner l'avancée de certaines revendications sociales jugées trop pressantes. En bref, il s'agissait, dans l'esprit des patrons qui géraient leurs relations humaines en « bons pères de famille », d'éviter la grève en devançant certaines revendications.

Mais il n'empêche que ce modèle paternaliste, qui eut le vent en poupe jusque dans les années 60, en France, a porté ses fruits, amenant à la classe ouvrière une quantité non négligeable d'améliorations de ses conditions de vie. Contrairement à ce qu'a affirmé Marx dans *Le Manifeste du parti communiste* (1848), tout ne s'est pas fait par la lutte des classes.

Cette forme de management, de gestion « à la papa » des ressources humaines, faisait du reste relativement consensus au XIXeme siècle et au début du XXeme siècle. C'est ainsi que la créatrice du Bon Marché, Marguerite Boucicaut, tout en étant une femme d'affaires avisée, pieuse et sévère, savait prendre soin de ses salariés.

Le Bon Marché, avec ses 1800 employés, offrait des garanties salariales importantes : caisse de prévoyance, cantine, service médical gratuit, fermeture le dimanche. A sa mort, le cortège de cette femme qui avait été l'une des plus riches de France, dont les origines étaient fort modestes – elle était éleveuse d'oies – fut suivi par 20000 personnes[17]. Didier Lombard ne pourra certainement pas en dire autant.

Gustave Eiffel, lui-même, célèbre pour ses nombreux projets d'architecture en fer forgé, dont les réalisations atteignaient pour l'époque des hauteurs incroyables – la tour qui porte son nom était, avec ses 300 mètres, la plus haute du monde au moment de l'Exposition universelle de 1889 – prenait grand soin de ses ouvriers. Sur les chantiers, comme on peut le voir dans le film *Eiffel*, il exigeait des conditions de sécurité draconiennes, qu'il vérifiait lui-même.

On compte d'ailleurs très peu d'accidents et peu de grèves sur les chantiers d'Eiffel au contraire de ceux de Ferdinand de Lesseps. Quant aux « villages ouvriers » qu'il faisait installer près de ses chantiers, ils étaient également très sécurisés.

Eiffel n'était pourtant pas « croyant », ni religieux, mais il avait, comme un certain nombre de ses coreligionnaires ingénieurs et entrepreneurs de l'époque, un sens aigu de l'empathie. On l'a même vu sauter à l'eau pour sauver l'un de ses ouvriers de la noyade. Le « bâtisseur de l'extrême » savait qu'une entreprise ne se résume pas à une personne, la sienne, fut-elle glorieuse, mais qu'elle suppose la mise en mouvement d'un groupe, d'un ensemble, d'une collectivité humaine, dans les meilleures conditions et avec le meilleur esprit coopératif possibles. Eiffel fut le contraire de Loup Larsen.

Un industriel comme André Citroën, connu pour son extravagance, son goût du jeu, des folles soirées parisiennes et de la publicité – il fit clignoter le nom de sa marque sur la Tour Eiffel en 1925 –, portait également un regard bienveillant sur ses employés. Embauche des dentistes pour soigner ses ouvriers gratuitement, système de congés payés pour les femmes enceintes, création de crèches, diffusion de films Gaumont[18], autant d'actions que cet ingénieur, polytechnicien, patriote, qui devait mourir d'un cancer de l'estomac en 1935, eut à cœur de mettre en place. Là aussi, nulle trace de *Loup des mers* à l'anglo-saxonne, mais un intérêt sincère pour soi et pour les autres.

Les loups des années 80 On pourrait croire que cette tradition s'est perdue en France avec les années 70-80. Les patrons sociaux ont ils laissé la place aux « tycoon » et le modèle Gustave Eiffel au modèle Bernard Tapie ? C'est ce qu'un regard superficiel sur la période de l'entrepreneuriat des années 80 tendrait à nous laisser croire mais c'est loin d'être certain.

Ainsi, lorsqu'on lit *Les Grands fauves* on s'aperçoit que derrière le vocabulaire habituel du darwinisme entrepreneurial, typique des années 80, où les chefs d'entreprise sont décrits comme des « chasseurs », des « prédateurs », c'est bien plutôt une logique d'entraide, d'aide mutuelle qui préside à la gestion des rapports humains et professionnels entre ces « magnats » qui ont « fait et défait le capitalisme français pendant 25 ans »[19].

En effet, les portraits qui sont faits des « copains » à Claude Bébéar – le gascon, l'homme du Sud-Ouest, le créateur d'AXA, que le livre décrit comme le « parrain » du capitalisme français –, renvoient peut-être à des loups mais à des loups qui chassent en meute, en bande. On est loin de la célèbre phrase du philosophe anglais Hobbes, « l'homme est un loup pour l'homme ». On n'est pas, là, dans la jungle, dans « l'état de nature » mais dans « l'état social », solidement campé sur ses jambes, bien assis sur ses fondamentaux.

Nous sommes également très éloignés du portrait du féroce et cruel Loup Larsen, le personnage de Jack London lorsqu'il déclare : « le loup est fort, et les loups n'aiment pas la force qui se manifeste chez les autres devant lui. ». En réalité, ces loups ne sont pas solitaires, ainsi que voudraient le faire croire le « darwinisme entrepreneurial » et la légende dorée des « winners », des « cost killers » des années 80 : ce sont des animaux sociaux, politiques, dans le plus pur style du « zoon politikon »[20] d'Aristote.

De Kropotkine, qu'ils n'ont sans doute pas lu, ils illustrent cependant la célèbre phrase : « Les espèces animales au sein desquelles la lutte individuelle a été réduite au minimum et où la pratique de l'aide mutuelle a atteint son plus grand développement sont invariablement plus nombreuses, plus prospères et plus ouvertes au progrès ».

Car qui sont ces patrons, souvent élus managers de l'année par *Le Nouvel économiste* – Claude Bébéar, Vincent Bolloré, Serge Kampf, Henri Lachmann, Bernard Arnault, Michel Pébereau, Jean-René Fourtou, Didier Pineau-Valencienne, David de Rothschild ? En réalité, une bande de copains, une bande d'amis qui s'est réunie pendant plus de vingt ans de 1985 à 2007 dans un club sélect mais plutôt informel, Entreprise et Cité, pour y dessiner l'avenir du capitalisme français.

Réunissant souvent ses membres autour d'une bonne table et jamais à plus de trente (en moyenne), il s'agit d'un club « à échelle humaine »[21] pour paraphraser un titre célèbre de Léon Blum. A l'esprit discret, efficace, bon enfant, bon camarade, bon compagnon et surtout bon joueur.

Et c'est au sein de ce groupe qu'ils ont renforcé leur pouvoir, leur influence, au point de s'entraider dans les moments difficiles, évitant le plus possible de s'agresser entre eux, malgré quelques frictions inévitables. La coopération en aura constitué le grand principe animateur, le véritable carburant.

Le management clandestin Pour parler comme la sociologie des organisations, Entreprise et Cité est le lieu où s'est élaboré, loin des organisations patronales officielles comme le CNPF d'Yvon Gattaz ou l'Afep d'Ambroise Roux – le « management clandestin » des grands dirigeants, management informel qui, ainsi que l'a montré Michel Moullet[22], se développe naturellement au sein des organisations humaines.

Entre ces hommes, on peut donc clairement parler de « neutralité bienveillante », de pacte de non-agression mais aussi d'aide mutuelle active. On cherchait des Wolf Larsen, des pirates, des corsaires, des « anges exterminateurs » – c'est le titre d'un ouvrage consacré à Bernard Arnault – on découvre des personnages à la Balzac, des Rubempré, des barons de Nucingen, des Rastignac. La « comédie humaine » ou bien plutôt la « comédie des affaires » dont Balzac, entrepreneur raté s'il en fut, toujours criblé de dettes, était très friand et qu'il a souvent mise en scène dans ses romans.

L'Homme d'affaires de Balzac plutôt que Le Loup des mers de Jack London, c'est l'entrepreneur français, avec sa part éternelle d'idéalisme, mais aussi de ruse et de réalisme paysan.

Avec ceci, en plus, dans ce groupe informel, que le catholicisme et le rugby forment un lien, un fonds commun de valeurs qui a empêché que ne s'expriment des volontés de puissance, de conquête, débridées, égoïstes, non partagées.

Entre tous ces anciens polytechniciens, ces énarques, ces centraliens, ces ingénieurs des Mines, on voit se dessiner le profil d'une équipe avec ses avants, ses piliers, et ses arrières, ses trois quarts centre, ses ailiers, son demi de mêlée, son demi-d'ouverture. En revanche, nulle trace de grand joueur solitaire, méprisant, non-coopératif. Exit Gordon Gekko, bienvenue à Serge Blanco.

Ce jeu collectif se ressent jusque dans leur politique sociale. Une politique plutôt progressiste où l'on distribue assez généreusement les dividendes, les stocks options, aux proches collaborateurs, ainsi que semble l'avoir fait Claude Bébéar au sein d'AXA, durant toute sa carrière. Une politique d'entreprise qui donne aussi sa chance, toujours, au sein d'AXA, aux personnes d'origine immigrée, avec la mise en place du CV anonyme, comme outil de recrutement (outil voulu par Bébéar lui-même[23]).

Si Didier Lombard, qui a succédé à Thierry Breton, lequel fut membre à part entière d'Entreprise et Cité, la pépinière d' « entrepreneurs à la française » de Bébéar, a assisté aux réunions du groupe, il semble qu'il n'en ait pas bien compris la philosophie générale. Clairement, il a manqué un épisode de cette sorte de paternalisme 2.0 !

CHAPITRE 3

LE LEADER À LA FRANÇAISE,
l'esprit qui tranche et qui fédère

L'échec de Louis XVI S'il y a bien un manager qui a échoué c'est Louis XVI. La difficulté, pour lui, est que l' « entreprise » qu'il dirigeait n'était autre que la France. Et la France est un ensemble plus difficile à manier qu'une entreprise normale, SA, SARL ou SCOP. Mais, précisément d'où vient l'erreur ? Louis XVI n'était-il pas un « bon roi » ? N'avait-il pas fait preuve d'un esprit audacieux de réforme ?

C'est Louis XVI, en effet, qui proposa, via ses différents ministres, Turgot, Necker, Calonne, Loménie de Brienne – et avant la Révolution française de 1789 –, la libéralisation du commerce des grains pour tout le royaume (1774), la suppression de la corvée royale pour le Tiers-Etat (1776), la création des assemblées provinciales (1778), la fin du servage sur les domaines royaux (1779), la suppression des péages internes au royaume en vue de faciliter le commerce (1786), la reconnaissance d'une citoyenneté de plein droit aux protestants (1787), l'abolition définitive de la torture (1788). Alors, comment ce roi « libéral » a-t-il pu finir sur l'échafaud, le 21 janvier 1793 ?

C'est que Louis XVI, était, à bien des égards, un bien piètre « manager ». C'est même, du point de vue de la sociologie des organisations, le « mauvais manager » type. Incapable de choisir parmi les différentes classes, la noblesse, le clergé, le tiers-état, il se montre rapidement tiraillé entre des tendances incompatibles entre elles.

Ce qu'il accorde d'une main, il le refuse de l'autre. Il signe avec retard la *Déclaration des droits de l'homme et du citoyen*, de même que l'abolition des privilèges mais prétend porter le bonnet phrygien. Il se présente en garant de la monarchie constitutionnelle naissante mais il la trahit en partant à Varenne le 21 juin 1791. Il affirme être le protecteur du Royaume mais il lui nuit en communicant avec les autorités prussiennes et autrichiennes, Joseph II en tête, qui ont déclaré la guerre à la France.

Autant d'attitudes duplices, de non-choix, de « en même temps » qui le conduiront à sa perte. Au fond, Louis XVI n'a jamais su choisir entre les « Grands » et le « Peuple », entre la monarchie absolue et la monarchie constitutionnelle, c'est ce qui l'a perdu.

En ce sens, il a fait tout le contraire de son illustre prédécesseur, Louis XIV, dont les décisions, si elles ne furent pas toutes bien inspirées – on peut songer par exemple à sa révocation de l'Edit de Nantes qui fit perdre à la France un grand nombre de compétences et de savoir-faire du fait de l'exode qu'elle engendra – eurent au moins le mérite d'être claires et distinctes. « Un oui, un non, une ligne droite, un but » c'est la « formule du bonheur » dira plus tard Nietzsche dans *Le Crépuscule des idoles*[24].

Les grands capitaines On comprend donc quel type de management il vaut mieux choisir, quitte à se tromper, à faire des erreurs et à les corriger pour mieux avancer. Une attitude simplement attentiste, du type de celle de Louis XVI, ou indifférente ne saurait convenir à un manager français. S'il ne rêve pas tous les matins de couper des têtes ou de guillotiner ses concurrents, il ne peut se contenter d'attendre ou de jouer la montre, sous peine de se voir rapidement distancier.

On se représente mieux dans ces conditions une certaine impatience de quelques uns de nos grands capitaines d'industrie. Elle témoigne moins d'une envie de manger les autres, d'un appétit vorace, que d'un désir de ne pas perdre de temps, de passer à l'action, le plus vite possible, afin de parvenir au but.

L'histoire du groupe des patrons français présents dans Entreprise et Cité est assez exemplaire de cela. Elle ressemble plus à un travail de géomètre traçant une ligne droite, la plus droite possible, pour aller d'un point A à un point B, le plus vite possible, plutôt qu'à un repas de goinfres.

D'ailleurs, en général, quand les « condottiere » des années 80 sont parvenus à leur but, ils ont généralement passé la main, preuve que leur appétit de « grands fauves » s'il existait avait été rassasié. Michel Crozier qui a beaucoup réfléchi sur la notion de « simplicité »[25] dans l'entreprise et qui voyait en elle une vertu organisationnelle de premier plan, aurait sans nul doute apprécié cette stratégie.

Par ailleurs, si l'on y réfléchit bien, la stratégie de conquête, la volonté de puissance développées par les « Bebear boys », n'est qu'une simple illustration de la phrase des Evangiles, à laquelle la pensée de Nietzsche fait écho : « Que ton oui soit un oui, que ton non soit un non, tout le reste vient du Malin (Matthieu, 5, 37)[26]. Claude Bébéar, Bernard Arnault, Vincent Bolloré sont simplement des entrepreneurs qui tranchent, qui décident, qui tracent une ligne droite pour parvenir à un but, leur but.

Bébéar souhaitait faire des Mutuelles Unies, établies à Belbeuf, un numéro 1 mondial de l'Assurance, il l'avait déclaré à ses comparses lors d'un « bivouac » dans le désert du Ténéré en 1986. Il y sera parvenu par une série de fusions-acquisitions, de rachats audacieux d'autres assureurs, Drouot, la Compagnie du Midi, UAP et quelques autres sociétés américaines. Mais, quand on regarde bien, le chemin est rectiligne, la progression régulière.

Bernard Arnault voulait créer un numéro 1 mondial du luxe et être « plus riche que Bill Gates ». Il y sera parvenu en rachetant l' « empire Boussac », avec l'aide de la Banque Lazard, pour une bouchée de pain. Trois ans après le rachat de Boussac, le groupe de Bernard Arnault pesait 8 milliards. Aujourd'hui, après le rachat de Givenchy et de quelques autres marques (Guerlain, Sephora, le Bon Marché, Tag Heuer, Hublot...), le chiffre d'affaires du groupe LVMH est de 86,2 milliards d'euros. Cela paye d'avoir un but, de définir un chemin et d'y aller le plus directement possible. Tout le contraire de ce qu'a fait Louis XVI.

L'esprit fédérateur Mais il ne suffit pas de prendre des décisions tranchées – après tout Didier Lombard, le manager de France Telecom, en a pris aussi –, il faut encore qu'en prenant ces décisions, le grand manager soit capable de fédérer autour de lui. Non pas de faire l'unanimité – rêve impossible à atteindre et quelque peu totalitaire – mais de créer l'enthousiasme, d'unifier son équipe pour gagner, donner l' « envie d'avoir envie », comme le chantait Johnny Hallyday en 1986.

Ces grands leaders, nous n'en avons jamais manqué en France : Clovis, Charlemagne, Saint Louis, Jeanne d'Arc, Louis XI, Napoléon, De Gaulle. Il y en a pléthore. Au contraire, Charles VI le fou, Louis XV ou Louis XVI sont des anomalies de notre roman national.

Parmi les grands entrepreneurs, on pense encore et toujours à Gustave Eiffel, infatigable globe-trotter, véritable ambassadeur du « fer puddlé », à travers le monde. Mais, derrière l'indomptable énergie de l'ingénieur centralien, derrière le génie visionnaire du constructeur du pont métallique sur l'Adour (1879), du viaduc de Garabit (1884) ou de la Statue de la Liberté (1884), il y a aussi un grand leader, fédérateur, un formidable meneur d'hommes, ainsi que l'a montré Christine Kerdellant dans *La Vraie vie de Gustave Eiffel*[27] (2023).

Ce n'est pas par hasard que les ouvriers se pressaient pour être embauchés sur le grand chantier de la tour Eiffel – où il n'y eut qu'une grève, plutôt courte. Ce n'est pas simplement parce que la paye était meilleure, ou parce que les conditions de sécurité étaient excellentes. Les équipes de Eiffel avaient aussi le sentiment de participer à une grande aventure, un moment particulier de l'histoire de France. Et, si Eiffel n'était pas un brillant orateur, il savait faire partager son projet, sa grandeur, sa vision exceptionnelle.

C'est sans doute cette force fédératrice, cette puissance intérieure qui ont permis au grand ingénieur, – après avoir été injustement condamné dans le cadre de l'Affaire du Panama, pour des erreurs qui n'étaient pas les siennes mais celles de Ferdinand de Lesseps –, de construire le projet de laboratoire destiné aux études sur l'aérodynamique.

Avec ce laboratoire à soufflerie géante, installé d'abord près du Champ-de-Mars puis à Auteuil, il permit à l'aéronautique française et européenne de faire, grâce à ses simulations de vol, des bonds de géant. Tous les passionnés d'aviation – les frères Wright, les frères Voisin, Louis Blériot, Louis Bréguet, Henri Farman –, se rassemblèrent autour de lui pour faire progresser collectivement l'art de voler. A sa mort, survenue en 1923, tout le monde de l'aviation lui rendit un vibrant hommage. Une fois de plus il avait su fédérer, agglomérer les énergies autour de lui.

De même, derrière la soif de « croissance externe », les fusions-acquisitions des grands patrons français, les OPA et autres OPE, ce n'est pas tant l'esprit darwinien qui domine que l'esprit d'équipe. On ne gagne pas dans le « struggle for life », la lutte pour l'existence de l'économie, si l'on n'est pas bien entouré et si l'on ne sait pas fédérer. Un chef, contrairement à ce que disait Jacques Chirac ça ne doit pas seulement « cheffer », ça doit aussi et surtout unifier le groupe.

Dans *Les Grands fauves*, Christophe Labarde, décrivant Claude Bébéar, affirme : « S'il sait se montrer dur, parfois intraitable avec ses collaborateurs, il ne se départira jamais d'une réputation d'enthousiasme, de générosité. Et d'une capacité d'entraînement hors du commun. L'équipe, l'équipe, l'équipe. » [28] C'est l'exemple même du meneur d'hommes, du conducteur d'entreprise, à la française.

Certes Bébéar a fait des Anciennes Mutuelles un groupe d'assurance mondial, AXA, après avoir racheté, à coups d'OPA, d'OPE, ou de « cheval de troie » les assurances Drouot, La Providence, UAP mais son succès a été conforté par sa capacité à fédérer les équipes, à partager les stocks options, à rassurer les personnels en place.

Aujourd'hui, Bébéar ne contrôle même pas la société qu'il a tant contribué à faire grandir. Chez lui, comme chez beaucoup d'autres managers français, l'instinct coopératif du capitaine de rugby a pris sur le pas sur celui du chasseur. Tout le contraire de ce qui s'est passé à France Telecom !

CHAPITRE 4

LE CAPITALISME À LA FRANÇAISE, UN CAPITALISME COOPERATIF

Deux capitalismes Depuis les analyses développées par Marx dans *Le Capital*, on a pris l'habitude de considérer le capitalisme comme un mode de production uniforme, entièrement structuré autour de la relation d'opposition entre le Capital et le Travail, mu par la rapacité et l'égoïsme, sans tenir compte des différences philosophiques, culturelles, qui ont pu modeler les multiples visages du capitalisme, à travers le monde. Il se pourrait, en effet, qu'il n'y ait pas « un » mais « des » capitalismes.

Car, si l'on y réfléchit bien, entre le capitalisme à l'anglo-saxonne, très darwinien, le capitalisme allemand, très militarisé, très prussien, et le capitalisme à la française, mâtiné de catholicisme, d'esprit laïque, mutuelliste, socialiste et révolutionnaire, il y a des différences considérables. Différences qui se retrouvent nécessairement dans les conceptions « managériales » des grands entrepreneurs de chaque nation.

Ainsi, si l'on veut bien s'accorder avec Max Weber (1864-1920), qui voyait dans l'éthique du protestantisme[29] la source du développement du capitalisme originaire, on ne s'étonnera pas que dans les pays protestants on ait vu un capitalisme plus « sauvage », moins empathique, se déployer naturellement. Il y a, en effet, dans l'inconscient collectif du protestantisme, cette vieille idée de la grâce, de la prédestination « luthérienne » ou « calviniste » qui tend à justifier la place de chacun dans ce monde, à la sanctifier même.

Dans cette perspective, celui qui gagne, l'entrepreneur, le capitaine d'industrie conquérant, le millionnaire, apparaît toujours comme un « élu », un « happy few », tandis que celui qui perd, le « looser », le pauvre, l'ouvrier à la pièce, semble ne récolter que les fruits de ce qu'il mérite. Car c'est ainsi que Dieu a conçu l'ordre des choses.

La réalité de l'ordre économique vient en quelque sorte confirmer, refléter, un plan, un programme préétabli, préconçu dans l' « entendement divin », comme l'enseigne le philosophe allemand Leibniz. « Tout va pour le mieux dans le meilleur des mondes possibles »[30].

Au contraire, le capitalisme « catholique », à la française, a d'emblée prétendu à l'universalisme, à l'œcuménisme. Et ce n'est pas un hasard si les grandes familles françaises, comme Schneider, se sont lancées dans la construction de « cités ouvrières », faisant de leur entreprise une sorte de « grande famille »[31], tandis que le chef d'entreprise lui-même aimait à apparaître auprès de ses ouvriers comme un « pater familias » à la fois autoritaire et bienveillant.

Jean-Paul Sartre dans *L'Enfance d'un chef* (1966) dessinera le visage de ce paternalisme ancien lorsqu'il mettra en scène le dialogue d'un chef d'entreprise avec son jeune fils, montrant à ce dernier comment il faut « parler aux ouvriers », pour savoir à la fois les commander et s'en faire aimer.

Le paternalisme est né de la culture, de la philosophie entrepreneuriale catholique, bien plus que de la vision protestante de l'entreprise. Un peu comme Noé, il a prétendu, de façon un peu intéressée, parfois même hypocrite, faire monter le plus grand nombre de personnes dans sa barque. Il s'est rêvé en sauveur du monde. Ce qui ne signifie d'ailleurs pas que ce capitalisme « old school » n'ait pas été présent dans les autres cultures. Simplement il s'y est développé moins vite, et avec moins d'enthousiasme.

L'expérience de la famille Mulliez qui a créé son entreprise et structuré l'actionnariat du groupe Auchan en s'inspirant de l'encyclique *Mater et Magistra*[32] (1961) de Jean XXIII, témoigne, aujourd'hui encore, de la vitalité de l'idéal paternaliste du patronat catholique français. Dans cette encyclique, les valeurs de l'entreprise familiale, de la coopération, du partage des richesses, de la participation des salariés au fruit de leur travail sont omniprésentes. Avec ses 33,48 milliards d'euros de chiffre d'affaire, ses 161476 employés à travers le monde, cette « entreprise à dimensions familiales » se porte bien. Elle apporte, avec ses 453 hypermarchés, ses 723 supermarchés et ses 2027 supérettes ainsi que ses différentes marques – Décathlon, Leroy-Merlin, saint Maclou, Phildar, Kiabi – la preuve du caractère prépondérant de la culture chrétienne dans l'évolution et le développement du capitalisme à la française.

Les paradis laïques A côté de ce capitalisme « traditionnel », on a vu également apparaître des tentatives de développement d' une économie « utopique », fondée sur le partage et sur la coopération, plutôt que sur le « struggle for life », la lutte sauvage pour l'existence, la philosophie de la survie du plus apte. La culture chrétienne française avec ses espoirs universalistes a imprégné la réflexion d'entrepreneurs et de penseurs laïcs qui ont voulu réaliser un « paradis entrepreneurial sur terre », là où ils considéraient que leurs devanciers avaient échoué.

Même un écrivain comme Emile Zola, qui a dépeint sans fard, souvent de manière sombre, la classe ouvrière et la paysannerie, dans *Germinal, L'Assommoir* ou dans *La Terre*, s'est plu à rêver d'un capitalisme utopique, administré différemment, sur les principes de l'entraide, de l'harmonie et du partage. Il l'a notamment fait dans l'un de ses derniers romans, *Le Travail* (1898), tiré de sa série sur *Les Quatre Evangiles* du monde nouveau (1898-1902).

Il y met en scène le personnage d'un jeune ingénieur, Luc Fromentin qui créée, avec 500 000 francs, un haut fourneau qu'il adosse à la « Crécherie » et fonde une formidable entreprise de métallurgie où viennent s'annexer bientôt une école, une crèche, une bibliothèque, des jeux, des bains, une salle de réunion. N'est-ce pas là la réunion parfaite du « Capital, du Travail et du Talent » rêvé par le mouvement coopératif ?

L'auteur des Rougon-Macquart qui n'était pas favorable au socialisme violent tel qu'il l'avait vu se manifester à travers l'épisode de la Commune de Paris, devait le penser.

A la fin du roman, Zola imagine même qu'après bien des bouleversements politiques, en France, comme en Allemagne, c'est ce nouvel ordre économique harmonieux qui est choisi dans les différents pays d'Europe, mettant fin du même coup aux guerres qui la déchirent. N'est-ce pas là la réalisation d'un idéal social optimiste et altruiste ?

La « Crècherie », l'entreprise sociale de Zola, finit même par prendre le pas sur l' « Abîme », autre grande entreprise, mais classique, celle-là, qui lui fait concurrence. Le doute, en tout cas, n'est pas permis : que ce soit avec Balzac ou Zola, on est aux antipodes de la philosophie darwinienne mise en scène par Jack London dans *Le Loup des mers*.

Pour nous décrire ce « paradis laïque »[33], cette arche de Noé du capitalisme où tous, patrons et ouvriers, vivent en bonne intelligence, Zola pouvait s'appuyer sur une expérience bien réelle, celle de l'entreprise Godin avec son célèbre Familistère, fondé à Guise, dans l'Aisne, en 1858. L'expérience sociale et entrepreneuriale, saura se montrer si solide qu'elle durera jusqu'en 1968.

Elle inspirera aussi au général De Gaulle, mélange original de foi catholique et de vertu républicaine laïque, sa philosophie économique de la participation. L'homme du 18 juin qui déclarait vouloir faire en sorte que « les travailleurs deviennent des sociétaires plutôt que des salariés », était à la recherche d'une « troisième voie » entre économie dirigée, à la mode soviétique et capitalisme débridé, à la manière américaine.

Cela aboutira à l'ordonnance de 1967, toujours active, qui instaure la participation obligatoire dans les entreprises bénéficiaires de plus de 100 salariés – de 50 salariés depuis 1990. Une participation qui s'inspire clairement du modèle de Jean-Baptiste Godin qui était parvenu, par un savant système de péréquation, à intéresser directement les ouvriers aux résultats du Familistère et de son usine. Il faut reconnaître que l'œuvre de Godin[34] est particulièrement impressionnante.

Un Palais ouvrier Avec ses 30000 m2 de surface, son kilomètre de coursives, ses 3 pavillons du « Palais Social », ses 500 fenêtres, ses 495 appartements, sa nourricerie pouvant contenir jusqu'à 50 berceaux, son théâtre qui pouvait recevoir jusqu'à 1000 spectateurs, son banquet de la fête du Travail capable d'accueillir 796 invités, ses 1748 habitants en 1889 et ses 210000 appareils produits par les usines de Guise en 1913-1914, le Familistère de Godin peut être, à bon droit, considéré comme une réussite du capitalisme coopératif. Elle témoigne en tout cas de l'exceptionnelle productivité et, par conséquent, de la profitabilité du management « associationniste » à la Godin.

Ayant hérité de l'entreprise de serrurerie de son père, Jean-Baptiste Godin avait eu l'idée de son « Palais ouvrier », après avoir découvert, en 1847, la pensée de Fourier et son modèle du Phalanstère. Mais, conscient des difficultés d'application de l'utopie sociale de l'auteur du *Nouveau monde amoureux* (1816), il fonda le Familistère sur les bases d'une philosophie plus laïque et coopérative[35] que véritablement fouriériste. Il s'est longuement expliqué sur sa philosophie industrielle et sociale dans *Solutions sociales* (1871) et *Mutualité sociale et association du capital et du travail* (1880).

La liste de ses « innovations sociales » serait sans doute trop longue à énumérer : mesures d'hygiène et de salubrité dans chaque logement, système de chauffage central, douches, piscine, cours du soir pour les adultes, caisse de secours assurant une retraite aux plus de 60 ans, école mixte et obligatoire jusqu'à 14 ans. C'est de l'entraide sociale organisée, de l'aide mutuelle systématisée, typique du mouvement coopératif.

Tout cela semble à peine croyable mais correspond parfaitement à l'esprit de cet ingénieur autodidacte qui eut la géniale idée de remplacer le « poêle en tôle » par le « poêle en fonte », d'en déposer le brevet, et qui conçut, en même temps qu'un « paradis laïque » pour les ouvriers, une entreprise de pointe pour l'époque.

Aujourd'hui encore, si le Familistère est devenu un musée, l'entreprise Godin existe et fait 19,3 millions d'euros de chiffre d'affaire. Elle est toujours aussi innovante et spécialisée dans les systèmes de chauffage. Quant au chiffre d'affaire global des entreprises coopératives, il représente, en 2020, 329 milliards. Ce n'est pas rien. On peut même dire qu'on est là en présence d'une force qui compte.

L'esprit mutualiste de Godin, les rêves « fouriéristes » de Zola survivent d'ailleurs largement à travers ce que l'on nomme désormais l'Economie Solidaire et Sociale (ESS), économie qui, à elle seule, représente 165 000 entreprises et emploie 2,4 millions de salariés dans le privé[36]. Fondée sur la notion de responsabilité sociétale des entreprises (RSE), elle met en avant des valeurs de partage, de proximité, de protection sociale et environnementale qui n'auraient sans doute pas déplu au créateur du Familistère.

Cette héritière des expériences sociales et coopératives du XIXeme siècle est en tout cas pionnière dans bien des domaines qui vont du recyclage du papier, du textile, ou des déchets électroniques, jusqu'à la transition énergétique, en passant par les activités de retour à l'emploi ou de production agricole alternative dans le domaine du « bio ». Elle témoigne en tout cas de la vitalité du principe coopératif auquel croyait tant Godin et s'inscrit parfaitement dans la logique altruiste d'entraide comprise comme facteur de l'évolution des espèces, notamment de l'espèce humaine.

CHAPITRE 5

QUAND LA BANQUE COOPÈRE

La finance à la française Le système bancaire français a ceci de particulier qu'il s'est tourné, dès le XIXème siècle, vers l'épargne populaire. Avec le banquier Jacques Laffitte, tout d'abord, et sa *Caisse générale du commerce et de l'industrie*, sous Louis Philippe, avec les frères Pereire, ensuite, qui joueront un rôle moteur dans la dynamique retrouvée du capitalisme français sous Napoléon III, avec le Crédit Agricole Mutuel aussi qui prendra véritablement son essor sous la Troisième République et, de manière plus générale, avec les banques modernes qui apparaîtront dans la deuxième moitié du XIXeme siècle : le Crédit Industriel et Commercial, la Société Générale, le Crédit Lyonnais[37].

Tous, d'une certaine manière, auront essayé de suivre cette idée de Laffitte selon qui : « Nous avons besoin d'associations (bancaires) assez fortes et d'une organisation assez intelligente, pour seconder l'industrie et le commerce dans les temps prospères, et pour leur venir en aide dans les temps difficiles. »[38] Avec sa *Caisse générale du commerce et de l'industrie* et son système de commandite, il avait eu l'idée de créer un organisme bancaire qui dépasse à la fois les limites de la banque publique, souvent trop prudente dans ses investissements, et celle des banques privées, uniquement tournées vers la haute spéculation.

Il s'agissait de créer un « écosystème » financier favorable au développement industriel et commercial de la France, qui accusait, sur son concurrent anglais, un retard dommageable. Son idée, malgré l'échec de la Caisse, devait faire école.

A partir de 1850, on retrouve, en effet, deux frères, Emile et Isaac Pereire, à la manœuvre, pour favoriser, via le *Crédit mobilier*, le développement des compagnies de transport ferroviaires et maritimes en vue d'accélérer la croissance française. C'est notamment grâce à eux, à leur capacité à solliciter une plus large épargne populaire, que le Second Empire connaîtra une période d'embellie économique, embellie qui conduira à parler, à partir de 1860, d'un « Empire libéral ».

Avec la création de la Compagnie des chemins de fer du midi, la Compagnie générale maritime, les compagnies d'assurance comme La Confiance et La Paternelle, ils auront largement participé à la modernisation de l'outil de production français. La preuve désormais était faite que la finance pouvait être autre chose qu'une série de « coups » de haut vol, de secrets d'initiés et participer à la réalisation d'œuvres utiles au bien commun.

Mais cette « mutualisation des intérêts privés et du public industriel », comme le dit Laffitte, devait inspirer plus qu'une bourgeoisie saint-simonienne et patriote, désireuse de favoriser une croissance accélérée, fondée sur le principe de l' « accélérateur d'investissement », cher à l'économiste français Albert Aftalion. Bientôt, le peuple s'empara à son tour de l'idée bancaire, cherchant dans l'idée de mutualisme et de coopération le levier qui devait lui permettre d'améliorer son sort.

La banque mutualiste Cette idée de la « puissance sociale de la finance » apparaît d'abord dans la réflexion de l'un des tous premiers grands penseurs du mutualisme bancaire, Pierre-Joseph Proudhon, député de la nation en 1848, père de l'anarchisme français, économiste et auteur de nombreux pamphlets qui le firent souvent jeter en prison ou contraindre à l'exil.

Peu après la Révolution de février 1848, l'auteur des *Confessions d'un révolutionnaire* (1851) avait souhaité apporter, avec son projet de « banque du peuple »[39], un soutien économique effectif à la démocratie naissante, en permettant à chaque ouvrier cotisant, d'accéder à un crédit pas cher. A une époque où l'on prêtait à l'ouvrier ou à l'artisan aux taux usuraires de 15 % à 25 %, Proudhon eut l'idée, pour contrecarrer ce que l'on n'appelait pas encore l'écosystème darwinien du capitalisme, de fonder une banque du peuple, dotée d'un capital de 50000 francs, à laquelle tout travailleur pouvait souscrire pour la modeste somme de 5 francs, en échange de quoi il pouvait désormais emprunter à taux faible, et ainsi faire croître sa capacité de consommation (le paiement devait s'effectuer sous forme de coupons et donner accès à des coopératives de consommation ou aux magasins qui auraient accepté cette nouvelle monnaie).

Bien qu'il ne put jamais mettre matériellement en œuvre sa banque, du fait que le pouvoir napoléonien le fit jeter en prison, Proudhon a lancé ce qu'il appelait une « idée-force », celle du mutualisme bancaire. Elle devait faire école.

C'est la Troisième république, à travers l'autorisation des syndicats ouvriers agricoles et la loi de 1884, favorisant la création de caisses agricoles mutuelles qui permit que se développe un véritable système de crédit agricole, système dont on cherchait désespérément la formule depuis la première moitié du XIXeme siècle. Grace à des hommes comme Jules Méline[40] (1838-1925), cette expérience devait finalement aboutir à la création de la banque du Crédit agricole[41]. Initialement nommée Crédit Agricole Mutuel, elle permit, en France, le développement d'une agriculture véritablement productive et l'entrée du monde paysan dans la modernité. Le Crédit Agricole aura été une institution clé de cette évolution. Un exemple de l'efficacité de la logique de l'entraide populaire dans l'univers de l'épargne et du crédit.

Aujourd'hui encore, dans le monde de la banque, trois groupes issus de l'expérience mutualiste française, se situent aux premières places : le Crédit Agricole, le Groupe BPCE (qui réunit la Banque Populaire, la Caisse d'épargne et Natixis) et le Crédit mutuel. A eux trois ils représentent 74,4 milliards de chiffre d'affaire, 27,3 millions de sociétaires et 335000 salariés. Les coopératives, dans l'univers de la finance, ça fonctionne !

Mais on pourrait en dire autant des coopératives agricoles qui pèsent, en France, 68,7 milliards d'euros, se composent de 316000 sociétaires et de 166000 employés. Ou des coopératives de commerçants dont le chiffre d'affaire cumulé est de 101 milliards d'euros, qui emploient 358000 salariés, et regroupent 21900 sociétaires. Le mutualisme, ça marche. Ce n'est pas le groupe E. Leclerc qui dira le contraire.

En tout cas on ne s'étonnera pas que l'ensemble des pratiques nouvelles portées par l'économie solidaire et sociale (ESS) soient issues du mouvement mutualiste et coopératif. Il représente à peu près 10 % du PIB français et se trouve promis à un bel avenir. Quant à la capacité des banques mutualistes à se positionner parmi les premières, en France, elle démontre, une nouvelle fois, la solidité des logiques coopératives, y compris et surtout lorsqu'elles s'inscrivent dans des écosystèmes darwiniens, fortement concurrentiels.

Une banque d'affaire coopérative S'il est un genre de banque qui n'obéit, à première vue, qu'à la logique darwinienne[42], c'est bien la « banque d'affaires ». Spécialisée dans la « haute finance », la banque d'affaires semble, en effet, n'avoir aucun lien direct avec la notion de coopération, d'entraide ou de bien commun. Mue par la soif de l'or, « auri sacra fames », recouverte par le manteau du secret, elle n'aurait pour seule règle que la satisfaction de ses intérêts et ceux de ses clients, quand bien même ces intérêts iraient à rebours de l'intérêt général. Elle serait donc aussi éloignée de la banque privée d'épargne populaire que de la banque mutualiste. Elle ne se complairait, finalement, que dans une forme de « capitalisme de connivence »[43].

Pourtant, un regard plus attentif, porté sur l'une de ces banques françaises, la banque Lazard suffit à démontrer que les stratégies coopératives sont loin d'être absentes des moyens et des fins poursuivies par ce type d'organisation bancaire. Créée en 1848 par trois frères qui s'étaient lancés à la conquête de l'or californien, la banque Lazard est sans aucun doute l'une des banques d'affaires les plus prestigieuses sur la place de Paris et ce, d'autant plus qu'elle se situe à cheval sur deux continents, les Etats-Unis et l'Europe. Avec ses succursales à New-York, à Londres et à Paris, elle a pu être considérée, avec raison, comme l'une des banques de conseil international parmi les plus innovantes, surtout dans la période de dérégulation qui s'est ouverte, à partir des années 70, dans la haute finance.

Spécialisée dans les fusions-acquisitions, réputée, avec raison, proche des plus hautes élites politiques, la Banque Lazard a été, en France, l'une des institutions phare qui a piloté la vague de privatisations des années 1986-1988. Pourtant, c'est un point essentiel, la banque dirigée par Michel David-Weill, comptant à ses côtés des associés-gérants comme Antoine Bernheim ou Bruno Roger, n'a pas, loin s'en faut, développé la stratégie du chaos que l'on retrouve par exemple chez George Soros, trader impitoyable, directeur du Quantum Fund, et authentique gourou de Wall Street.

En effet, alors que George Soros s'est toujours complu à faire des coups, à mener des « raids » contre la monnaie de certains pays, notamment la Livre sterling en 1992 et le Franc en 1993 – jouant à fond la carte de la dérégulation et du chaos – la banque Lazard aura bien plutôt joué le rôle d'une banque de constitution de « noyaux durs »[44] du capitalisme français, en vue de permettre à de grandes entreprises françaises de se renforcer et de résister à la concurrence sur le marché mondial. Il y a chez Michel David-Weill quelque chose du souvenir de Jacques Laffitte, le style populaire en moins.

En aidant, en 1973, à la création, par fusion-acquisition du groupe Danone, dirigé par Antoine Riboud, (ex BSN), elle a permis que se créée un champion français de l'industrie agro-alimentaire mondiale dont le chiffre d'affaires est de 27,7 milliards (2022) et le résultat net de 959 millions d'euros. Avec une capitalisation de 35,4 milliards d'euros, le groupe emploie aujourd'hui 98 105 personnes à travers le monde.

De même lorsqu'Antoine Bernheim a aidé Bernard Arnault à prendre le contrôle de la société LVMH, en 1989, il a posé les bases d'un champion du luxe français – reposant à l'origine essentiellement sur les marques Dior, Vuitton et Moët Hennessy –, un champion européen et mondial qui pèse aujourd'hui 403,4 milliards d'euros de capitalisation, 86,2 milliards de chiffre d'affaires, et réalise 15,2 milliards de bénéfices.

Il regroupe des marques aussi prestigieuses que Givenchy, Céline, Kenzo, Guerlain, Marc Jacobs, Chaumet, Tiffany & Co et emploie 173 492 personnes. Or, la lecture de *Ces Messieurs de Lazard*[45] de Martine Orange ou *Les Grands fauves*[46] de Christophe Labarde le démontre abondamment : sans l'association entre

Antoine Bernheim et Bernard Arnault, l'empire LVMH n'aurait jamais vu le jour. N'est ce pas là une parfaite illustration de ce que souhaitait Laffitte lorsqu'il demandait que l'on dispose d'associations bancaires capables de soutenir l'industrie et le commerce français ?

On peut dire exactement la même chose du Groupe Bolloré, puisque là encore, c'est Antoine Bernheim qui prendra sous sa coupe le jeune industriel dans les années 80 pour lui permettre de prendre le contrôle de la SDAC, société de transport maritime que l'héritier des papiers OCB transformera en très grande compagnie de transport de fret maritime.

La transformation du groupe Bolloré en multinationale française du transport, de la logistique et de la communication doit beaucoup, à l'origine, à la banque Lazard. Vincent Bolloré s'en souviendra. Lorsqu'Antoine Bernheim sera en délicatesse auprès de Lazard et de la société Générali, le « corsaire breton » fera tout pour réhabiliter son ami, tant au sein de la banque que dans le groupe d'assurance italien, avec succès.

Lazard donc ? Une banque, à l'époque où elle était dirigée par Michal David-Weill, beaucoup plus patriote qu'on ne l'a dit, au service d'un capitalisme français en pleine mutation, en proie aux bouleversements de la mondialisation sauvage.

Il est donc bien trop facile de croire que seul le cynisme et l'égoïsme président au fonctionnement de toutes ces logiques financières. L'entraide, la fidélité, la loyauté, les logiques de groupe sont loin d'en être absentes. Ce sont même des vertus absolument nécessaires pour survivre dans cet écosystème de piranhas d'eau douce et de requins de haute mer.

CHAPITRE 6

LE MUTUALISME INFORMEL
DES GRANDS PATRONS

Le mutualisme informel Si, depuis le XIXeme siècle, il a existé un capitalisme coopératiste, mutualiste, à la française, capable de construire de grandes choses, alors il se pourrait qu'il subsiste encore – au-delà du secteur coopératif lui-même – de manière « informelle », jusque dans les comportements les plus « sauvages », les plus darwiniens qui rythment, en apparence, la vie des entreprises « mondialisées ».

A nouveau, la lecture des *Grands fauves* nous donne quelques indications. Tout d'abord, il convient de remarquer que le titre du livre ne correspond pas vraiment à son contenu. « Les Copains d'abord » aurait sans doute mieux convenu, y compris avec le début des paroles de la chanson de Georges Brassens : « Non ce n'était pas le radeau/De la Méduse, ce bateau/Qu'on se le dise au fond des ports/Dise, au fond des ports/Il naviguait en Père peinard/Sur la grand-mare des canards/Et s'appelait les copains d'abord/Les copains d'abord. » Parce qu'au fond, tous ces grands managers, avant d'être des grands requins, sont des grands copains, partageant l'amour du vin, du sport et des affaires. Dans le langage de la sociologie des organisations, on dira que l'on est en présence de ce qu'il convient d'appeler, une « structure informelle » mue par une « stratégie de coopération ». La logique de l'entraide y est omniprésente.

Entreprise et Cité, au sein de laquelle ces hommes se sont retrouvés pendant 25 ans, c'était, au fond, leur Thébaïde, leur Phalanstère, leur Familistère, leur club utopique à eux. De l'altruisme, du coopératisme en mode concentré, avec une petite touche de *Mater et Magistra*, façon Jean XXIII.

Et ce club, ce « Familistère » d'un genre nouveau était bien plus nourri d'esprit d'entraide, de fraternité, de soutien mutuel que de concurrence féroce. Alors, tous ces grands patrons qui aiment à se dire darwiniens, ont-ils fait – un peu comme le bourgeois gentilhomme de Molière, de la prose –, du Kropotkine, du Proudhon, du Brassens sans le savoir ? Il semble, en tout cas, qu'ils aient parfaitement intégré ce constat de l'auteur de *L'Entraide* : « Les espèces asociales sont condamnées à s'éteindre ».

Une scène, rapportée dans *Les Grands fauves*, accrédite la thèse selon laquelle, ils en étaient, en fait, plutôt conscients. C'est Vincent Bolloré qui parle : « Jusqu'à maintenant on se contentait de manger les autres. On ne va quand même pas commencer à se dévorer entre nous ! Tout le monde sans exception éclate de rire. » A deux reprises, dans son ouvrage, Christophe Labarde se demande même si la devise de ce groupe ne serait pas celle des mousquetaires d'Alexandre Dumas : « Un pour tous et tous pour un ! »[47].

Cela n'est pas non plus sans rappeler la devise historique de l'école des Hautes études commerciales de Paris, HEC, « Unis pour servir », avant qu'elle ne devienne une « business school » à l'américaine et n'adopte le slogan plus disruptif en apparence, mais en réalité plus aligné sur la pensée commune des « winners » anglo-saxons : « Apprendre à oser ». Pour servir qui au fait ? A l'époque, en 1881, lorsque l'école a été créée la réponse était claire. Il s'agissait, en dernière analyse, de servir la France.

Autre preuve de l'esprit coopératif de notre petit groupe, son fondateur et authentique « juge de paix », Claude Bébéar, vient du mutualisme : « La culture de démarrage de Bébéar, c'est une culture mutualiste. Le gros avantage, c'est qu'on n'a pas de capital à contrôler, puisqu'il n'y a que des sociétaires. Et donc pas de dividendes à dégager à tout prix »[48]. Les bénéfices, dans les SCOP, on les obtient avec le temps. On a le temps de construire sa stratégie sur du long terme. Tout le contraire du capitalisme à court terme, tel qu'il est vanté par les financiers américains, façon George Soros, depuis les années 80.

La clé de l'énigme C'est cela la clé de l'énigme, du mystère qui est aussi la clé du succès du fondateur d'AXA. Un polytechnicien, débarqué un peu par hasard dans une société d'assurance, les Anciennes mutuelles dans les années 70, qui adopte la conception mutualiste traditionnelle de son fondateur et se lance à l'assaut du monde. Et pourquoi l'aventure commence-t-elle par le rachat de Drouot, une compagnie bien plus « select », en apparence que ne l'étaient les Anciennes mutuelles ? C'est parce que dans l'esprit mutualiste les différences peuvent vite devenir des complémentarités.

La lecture de l'ouvrage le confirme : « Très vite, germe chez Bébéar l'idée évidente, de racheter puis de « mutualiser » Drouot »[49]. Rien d'étonnant, entre la « Rolls Royce » de l'assurance et la « Peugeot » de province, il y a, dans un esprit mutualiste, une complémentarité évidente.

C'est dans ce même esprit mi-mutualiste, mi-prédateur que Bébéar se lancera à l'assaut des Etats-Unis à partir de son siège social de départ, situé à Belbeuf, en proposant un service de réassurance aux compagnies d'assurance américaines. C'est ce qui lui permettra également de racheter une société importante The Equitable, leader de l'assurance vie aux Etats-Unis, en 1991, et de mettre un pied dans le marché mondial de l'assurance. Pour rappel, l'idée lui avait été soufflée par un de ses copains d'Entreprise et Cité, Michel-François Poncet, le président de Paribas.

Une fois encore on songe à la suite des paroles de la chanson de Brassens : « Ses fluctuat nec mergitur/C'était pas de la littérature/N'en déplaise aux jeteurs de sorts/Aux jeteurs de sorts/Son capitaine et ses matelots/N'étaient pas des enfants d'salauds/Mais des amis franco de port/Des copains d'abord ». On est frappé qu'à l'exception d'une vraie fâcherie entre Vincent Bolloré et Martin Bouygues[50], le premier ayant essayé de monter au capital et de piquer le groupe TF1 au second, on n'ait pas assisté à de plus grands abordages entre ces différents « corsaires ».

La longévité de l'association qui ne s'est auto-dissoute, dans sa forme première, qu'en 2007 est, elle aussi, le signe de cette solidité d'alliance. Il règne visiblement dans ces milieux de capitalisme prétendument « sauvage » une amitié forte, solide qui a longtemps été la base du caractère « antifragile » du capitalisme français. Car ces hommes, à bien des égards, ont aussi été des patriotes.

Dans une interview accordée, en 2020, au site labourseetlavie.com[51], l'un des anciens d'Entreprise et Cité, Didier Pineau-Valencienne qui fut directeur du groupe Schneider electric se plaint d'ailleurs de ce qu'aujourd'hui, les 40 valeurs du CAC 40, soient sous contrôle capitalistique étranger. Cela, en effet, est tout à fait contraire à la volonté de construire des champions français mondiaux dont se réclame celui que l'on appelle « DPV », un chef d'entreprise typique du management à la française.

Cet homme, qui se reconnait complètement dans l'idée du général De Gaulle de « l'association du Capital et du Travail » – on se souvient que De Gaulle était très favorable au projet de la participation du salariat au capital des entreprises, idée qu'il héritait de la conception « catholique » du capitalisme ainsi que du mutualisme de Jean-Baptiste Godin – déplore que les décisions prises à partir des années 80 par les politiques aient tant nui à la création de richesse en France. Il ne s'en remet plus désormais qu'à l'inventivité et à l'imagination des jeunes entrepreneurs français, pour sortir du marasme où de mauvaises décisions politiques, un esprit administratif tatillon et une législation anti-business, largement anti-patriotique, ont jeté le pays.

Et les paroles de la chanson de Brassens nous éclairent encore : « Au moindre coup de Trafalgar/C'est l'amitié qui prenait l'quart/ C'est elle qui leur montrait le nord/Leur montrai le nord/Et quand ils étaient en détresse/Qu'leurs bras lançaient des S.O.S/On aurait dit des sémaphores/Les copains d'abord ».

Au moment de l'affaire Vivendi-Universal, lorsque, – suite à l'aventurisme délirant de Jean-Marie Messier –, le groupe est au bord du gouffre, qui appelle en urgence Jean-René Fourtou pour qu'il prenne les rênes, nettoie les comptes, apure la dette et fasse repartir la société ? C'est Claude Bébéar. Et, en 1994, lorsque Didier Pineau-Valencienne est incarcéré en Belgique, qui prend une pleine page dans *Le Monde* pour demander sa libération ? La « bande à Bébéar »[52], évidemment.

Au passage, 25 ans après sa mise en examen, la justice belge a abandonné complètement les 142 charges retenues contre DPV. Une authentique histoire belge ! Aujourd'hui, celui qui travailla pendant deux ans pour Albert Camus chez Gallimard[53], authentique admirateur de René Char, bibliophile passionné, a tourné la page de ces mauvais souvenirs en écrivant un livre sur sa passion des hommes, des entreprises et des livres *Soleil et sympathie* (2020).

Il serait sans doute trop long de faire la liste des « coups de mains » et autres « coups de pouce » que se sont donnés ces hommes, ces soi-disant « loups solitaires » pendant 25 ans. En tout cas le doute n'est pas permis : Entreprise et Cité a fonctionné comme une équipe, un pack, une société d'aide mutuelle pendant plus de deux décennies et sans doute au-delà. Reste à savoir si les salariés ont bénéficié des mêmes largesses que leurs grands managers.

CHAPITRE 7

LE DIALOGUE SOCIAL À LA FRANÇAISE

Le temps du plomb Autorisée seulement à partir de la loi Emile Ollivier en 1864, la grève a longtemps fait l'objet, en France, comme dans tous les pays d'Europe, d'un traitement coercitif et répressif particulièrement violent.

Que ce soit à Anzin en 1833, à Rive-de-Gier en 1840, au Creusot en 1870, à Montceau en 1899, dans le Nord-Pas-de Calais en 1902 ou dans le Pas-de-Calais en 1906, ce sont des hommes de troupe, détachements de la gendarmerie, hommes d'infanterie, gardes nationaux et autres chasseurs à cheval que l'on envoyait pour mater la révolte, parfois dans le sang. Le paternalisme à la française montrait là ses limites.

On n'hésitait pas, à l'époque, à tirer sur la foule « émeutière ». Ainsi le 5 avril 1844 six ouvriers sont gravement blessés après avoir tenté de libérer leurs camarades au lieu dit la Grand Croix. En Mars 1846, à Outrefurens, un feu de peloton fait six morts, à Ricamarie, le 16 juin 1869, on dénombre treize morts dont une femme, à Aubin, le 8 octobre 1869, quatorze morts dont deux femmes et un enfant – Victor Hugo dans ses poèmes *Aubin* et *Misère*, leur rendra hommage[54].

La légalisation des syndicats, en 1884, avec la loi Waldeck-Rousseau, sous la Troisième République apaisera les tensions sociales mais on n'évitera pas le drame de Fourmies, le premier mai 1891 où la fusillade de la troupe contre des ouvriers réclamant la journée de huit heures, fait neuf morts, dont deux enfants et trente-cinq blessés. Et que dire de « l'incident » de Vigneux, le 2 juin 1908, où deux grévistes furent fusillés à bout portant, dans leur permanence, par la gendarmerie ? Cette « fusillade » de Vigneux avait été précédée, en juillet 1907, à Villeneuve-Saint–Georges d'une autre affaire où quatre manifestants avaient trouvé la mort, après une charge des dragons. Le dialogue social, en cette fin de XIXeme siècle et au début du XXeme siècle, se traitait encore trop souvent par le sabre et par le plomb.

De 1902 à 1909 un « Plan Général de Protection en cas de grève générale » fut d'ailleurs mis en place sous l'autorité du ministre de l'intérieur[55]. Il devait permettre de répondre à l'apparition de cette « grève dernière », cette « grève de misère », ultime, que l'anarchiste et révolutionnaire Louise Michel, l'héroïne de la Commune de Paris, appelait de ses vœux dans *Prise de possession*. La tension était à son comble.

Si l'on ajoute à cela les grandes grèves de 1936, qui aboutirent, après d'âpres négociations, à l'octroi des congés payés, ou la volonté de vengeance d'une partie du patronat français qui s'est, par haine du communisme, engagé, comme Louis Renault dans une collaboration active entre 1940 et 1945 et l'on aura une vison plus claire des raisons pour lesquelles le dialogue social a longtemps pris, en France, des allures conflictuelles, dures, animées par un ressentiment très fort.

Ce n'est donc véritablement qu'après 1945 et la contestation de Mai 68, avec les accords de Matignon, que l'on va voir se mettre en place une logique de coopération, d'échange, de dialogue plus systématique et surtout plus fructueuse. L'élévation collective du niveau de vie, l'avènement de la société de consommation dans le courant des trente glorieuses vont conduire les élites françaises à l'idée d'un partage plus équitable des richesses.

L'innovation sociale Car tous les patrons français n'étaient pas, à l'instar de Louis Renault des « patrons de choc », sur la ligne dure. Cette ligne qui fit, par exemple, refuser au créateur de l'usine de Boulogne-Billancourt toute négociation avec ses ouvriers, hostiles au chronométrage, en 1913, ou qui le conduisit à licencier 500 salariés lors de la grève générale de défense des 40 heures le 30 novembre 1938 [56]. Louis Renault donnait dans la sévérité et n'acceptait aucune contestation de son pouvoir qu'il considérait comme absolu, un peu à la manière de Louis XIV.

Au contraire, nous avons pu le voir avec des entrepreneurs comme Gustave Eiffel, André Citroën ou Marguerite Boucicaut, la directrice du bon Marché, un certain patronat, souvent d'ailleurs d'obédience catholique a voulu jouer, parfois en avance même sur la législation, la carte du social, de l'apaisement et de la coopération avec la classe ouvrière.

Aussi n'est-on pas surpris de découvrir que Claude Bébéar, chez AXA, mais aussi dans les autres entreprises qu'il a dirigées, s'est montré plutôt généreux à l'endroit des salariés, notamment du point de vue de sa politique sociale.

Confronté à une série de grèves au sein de la compagnie d'assurance de ses débuts, en 1968, 1971 et 1974, Bébéar semble en avoir tiré la leçon d'un dialogue social nécessaire, « viril mais correct », comme on dit au rugby, qui devait le conduire à être, de plus en plus, lui qui était proche de Valéry Giscard d'Estaing, un capitaliste social, de tradition catholique, ouvert aux revendications de ses employés, sans céder pour autant à tous les revendications syndicales.

« Pour lui, le travail n'a rien d'une souffrance, mais tout d'un épanouissement. Il y voit surtout une autre façon de grandir ensemble. Bien avant tout le monde il aura imposé la semaine des quatre jours (qu'il s'appliquera à lui-même...), l'amélioration des conditions de travail, l'intégration des minorités »[57]. On est loin, très loin, de la philosophie des patrons darwiniens, à l'américaine, des années 80.

Ce soin du dialogue social se retrouve jusque dans sa gestion des opérations de fusion-acquisition. Lors du rapprochement des Mutuelles unies avec les assurances Drouot, il n'hésite pas à quitter son siège pour installer son bureau chez Drouot où il conserve les photos du créateur de la maison, Georges Tattevin. Puis il multiplie les séminaires de « réconciliation et d'union » en vue de désamorcer les conflits potentiels. Les titres des séminaires destinés à motiver les équipes sont évocateurs : « Comment vivre l'indépendance dans l'interdépendance » ou « Parvenir ensemble au leadership dans notre métier ». On peut difficilement faire plus conciliateur.

Et l'on pourrait dire la même chose d'un chef d'entreprise comme Serge Kampf chez Capgemini ou de Didier Pineau-Valencienne chez Schneider electric. Dans *Soleil et Sympathie*, DPV, qui se montre toujours aussi enthousiaste à l'égard de l'idée participative du général De Gaulle, rappelle qu'en 1987 à l'occasion d'une augmentation de capital réservée au personnel, un plan mondial d'actionnariat avait été lancé par Schneider. Il aboutit à l'émission de 2,7 millions d'actions possédées par 16000 salariés à travers 38 pays dans le monde – ce qui représentait 4,5 % du capital de la société[58].

En 1977, le groupe Auchan, avec la famille Mulliez, avait décidé de réaliser une opération assez comparable. En s'inspirant de l'Ordonnance sur la participation de De Gaulle de 1967, elle ouvrit son capital à ses salariés à hauteur de 9,7 %. Aujourd'hui, ces parts qui valaient 12,33 francs, valent 322 euros et 98% des salariés actionnaires soit 52 000 personnes en possèdent. La logique altruiste de redistribution des bénéfices fonctionne dans cette société à « but lucratif », quoi qu'en disent les journalistes spécialisés et autres médias détracteurs de la famille Mulliez.

De même, des expériences sociales innovantes, fondées sur une confiance réciproque entre patrons et salariés continuent de se développer en France. C'est ainsi que, depuis 2021, la société Anikop[59], spécialisée en informatique propose à ses salariés un dispositif audacieux : les « congés illimités ». A partir d'une « charte de confiance » qui affirme la possibilité de prendre des vacances sans contraintes – dans la mesure où cela n'affecte pas le bon fonctionnement de l'entreprise –, les salariés ont l'autorisation d'organiser leurs disponibilités à leur guise. Ils ont également la possibilité de prendre des journées en cas d'urgence, ce qui leur permet aussi de mieux équilibrer le rapport vie professionnelle/vie privée. Le « temps du plomb » est bien terminé.

L'art de la négociation Par ailleurs, on a vu apparaître dans le courant des années 70-80, aux Etats-Unis, sous l'effet de la crise économique et des mouvements de délocalisation industrielle, une nouvelle forme de réflexion sur la négociation, en vue de faire diminuer le degré de conflictualité entre direction et syndicats.

Un modèle dit de « Mutuel gain bargaining » (MGB)[60] ou « Négociation à gain mutuel » a vu le jour, à partir des travaux de Mary Parker Folett, Richard Walton et Robert McKersie sur l' « integrative bargaining », la « négociation intégrative ». Le but de cette nouvelle forme de négociation collective s'organise moins autour de l'idée de réalisation d'un gain que sur celle de résolution des problèmes dans un cadre global.

En clair, il s'agit de proposer une négociation raisonnée, « principled négotiation » qui soit capable d'harmoniser les points de vue antagonistes dans le cadre d'un partenariat « gagnant-gagnant » entre le travail, le management et la direction. C'est notamment ce qu'avaient proposé Thomas Kochan et Paul Osterman dans *L'Entreprise à Gain mutuel* (1994). On est loin de la philosophie sauvage du darwinisme social, à laquelle nous ont habitué les intellectuels anglo-saxons et qui a fait tant de ravages chez France Telecom. On se situe bien plutôt, là, dans le cadre d'une recherche du consentement mutuel et de la compréhension réciproque.

Ces réflexions nouvelles sur le dialogue social ont donné lieu à la création de formations spécifiques, tournées aussi bien vers les salariés que vers les patrons. Elles ont abouti à mettre en place dans des espaces « neutres », des sessions d' « entraînement au lien » entre travail salarié et direction managériale. Concrètement, on s'est mis, par exemple, à proposer aux équipes syndicales et managériales, sur la base de la modélisation d'un conflit social potentiel, d'intervertir leurs rôles pour mieux comprendre la position de chaque acteur social.

L'approche du PON, « Program on negotiation » et du *Negotiation journal* a donc, au début des années 80, suscité un engouement certain en même temps qu'elle a renouvelé l'approche du management et du dialogue social. On est passé du « Je veux » à « J'ai besoin de » et on a commencé à entrer dans une philosophie, une culture compréhensive des relations, de respect mutuel et d'intérêts réciproques. Avec l'executive order 13522 (décembre 2009) du président Obama, cette philosophie du « joint committee », du comité conjoint, s'est définitivement institutionnalisée en vue de favoriser des processus de négociations collectifs et des forums « travail-management », irrigués par le modèle MGB, des « Négociations à gain mutuel ». Là encore, l'esprit coopératif a montré sa supériorité, son efficacité accrue dans le cadre de la résolution des problèmes sociaux.

En France, ce sont des auteurs comme Christian Thuderoz avec son *Petit traité du compromis* (2015), *Décider à plusieurs* (2017), *L'Age de la négociation collective* (2017) ou *L'Art de pacifier nos conflits* (2022) qui ont introduit ces nouvelles problématiques de la gestion mutualisée des conflits sociaux potentiels.

Que ce soit, par ailleurs, Jacques Rojot, auteur de *La Négociation* (2020), créateur de la revue *Gestion des Ressources Humaines*, ou Gerard Taponat, ancien directeur des affaires sociales chez Manpower, ayant exercé des fonctions de DRH chez IBM ou SFR, lui-même auteur de *Dialogue social, former et développer les compétences des acteurs* (2016), tous s'inscrivent dans le prolongement de la sociologie des organisations de Michel Crozier qui entendait transformer « l'adversaire en partenaire », substituer à des logiques conflictuelles improductives, d'authentiques pratiques coopératives, fondées sur le respect mutuel des individus.

A l'heure où se développe considérablement l'Economie Sociale et Solidaire, on peut souhaiter que cette forme nouvelle de management plus empathique, plus inclusive, plus intégrative – qui ne sous estime pas la conflictualité humaine mais entend lui apporter des réponses opérationnelles qualitatives –, se développe plus largement encore. Les entreprises qui disposent du label ESS ont, en effet, tout à gagner à mettre en accord leurs principes « solidaires et sociaux » avec leurs pratiques managériales concrètes.

Les start-up, ces sociétés nées de la révolution numérique sur Internet, auraient également intérêt à les suivre dans cette direction car ainsi que l'a écrit Kropotkine dans *L'Entraide un facteur de l'évolution* : « La protection mutuelle obtenue dans ce cas, la possibilité d'atteindre un âge d'or et d'accumuler de l'expérience, le plus haut développement intellectuel et l'évolution positive des habitudes sociales, assurent le maintien des espèces, leur extension et leur évolution future ». Quelle est donc l'entreprise, petite ou grande, jeune ou ancienne qui n'a pas envie de durer ni de progresser ?

CHAPITRE 8

L'ÉCOSYSTÈME COOPÉRATIF
DES START-UP

Les incubateurs du net L'univers du Web français est bien plus riche qu'on ne le dit communément. Riche d'informations, riche d'images, riches d'analyses diverses et variées, il est un lieu d'échange ou de découverte particulièrement fructueux pour ceux qui savent naviguer au milieu de cet océan de liens « hypertexte ». Or, s'il existe des « stars » dans le monde anglo-saxon, présentées comme des investisseurs de légende qui ont su favoriser le développement des start-up – à l'image de l'essayiste et programmeur Paul Graham, auteur de *Hackers and Painters* (2004), également créateur de l'incubateur Y Combinator –, on semble sous estimer, dans l'hexagone, l'importance des expériences entrepreneuriales qui ont été tentées dans ce domaine.

Pourtant, avec la société The Family, co-créée en 2013 par le « gourou » et célèbre influenceur franco-libanais Oussama Ammar[61], on a vu se développer pendant dix ans, une expérience de création d'un environnement pro-business, pro-start-up particulièrement fécond. Contrairement, d'ailleurs, à ce que prétendait son fondateur, qui aimait, et aime encore, se réclamer de l'idéologie des « pirates » et des « barbares » pour illustrer son discours – en référence à l'ouvrage d'Alessandro Barrico, *Les barbares : Essai sur la mutation*[62] (2014) –, c'est à une expérience sociale lamarckienne et kropotkinnienne bien plutôt que belliciste et darwinienne que l'on a assisté.

Le biologiste français Lamarck (1744-1829) considérait, en effet, que l'influence du milieu naturel, de l'environnement était déterminante du point de vue de l'évolution et de la conservation des espèces – hypothèse qu'il a exposée dans sa *Philosophie zoologique* (1809) et que l'on a pu approfondir grâce aux développements de l'épigénétique moderne. Or, c'est cette idée que les associés de The Family ont suivie. C'est à elle qu'ils ont donné vie.

En créant sur Paris un lieu ouvert[63], spécialisé dans le conseil marketing, juridique et financier aux start-up, ils ont posé les bases d'un environnement économique qui a permis de développer plus de 700 projets [64] de sociétés dont plusieurs ont parfaitement réussi leur décollage, à l'image d'Algolia, Agricool, Heetch, Payfit, Captain Train (Trainline) ou Trusk.

Au plus haut de sa forme, The Family était parvenu à lever jusqu'à 15 millions d'euros[65] et son portefeuille d'entreprises était en passe de franchir le seuil du milliard d'euros. Cet incubateur était assurément une réussite de la logique coopérative de la Tech française.

The Family, c'était aussi, un peu comme l'a été Entreprise et Cité pour les « jeunes loups » des années 80, ce que Michel Crozier appelait une « structure informelle » propice au développement de l'entrepreneuriat français 2.0 : un lieu où l'on se tient chaud, où l'on se rassure, où l'on trouve des appuis juridiques et financiers, des « business angels » qui viennent tout à coup donner forme à ce qui n'était précédemment qu'un rêve un peu flou, une vague esquisse de projet, un objet entrepreneurial encore mal identifié, mal dégrossi.

Si le business model et les « errances »[66] dans la gestion de l'entreprise ont fini par rendre l'aventure caduque, il n'en demeure pas moins qu'elle a fait la preuve, une fois de plus, de la puissance de la logique managériale à la française lorsqu'elle se met en mouvement. Oussama Ammar, avec ses 120000 abonnés sur Instagram, ses millions de vues sur Youtube, aura été pour le Web français ce que Laffitte était pour la banque ou Eiffel pour les constructions métalliques : un authentique accélérateur de croissance, un pionnier dans son domaine.

Le partage des connaissances Car, au-delà des critiques que l'on porte sur le comportements parfois « borderline » des influenceurs de la French Tech, force est de constater qu'ils ont indéniablement apporté quelque chose au développement de l'économie française. Par leur enthousiasme, leur volonté de partager une partie de leurs connaissances, ils ont suscité des vocations et participé au lancement d'un nouveau type d'entrepreneurs, les « infopreneurs ».

Aujourd'hui encore, alors qu'il est installé à Dubaï, aux Emirats arabes unis, Oussama Ammar a reconstitué une équipe de copains qui réunit des influenceurs spécialisés dans l'e-commerce ou le coaching en entreprise comme Yomi Denzel ou Alec Henry. Tous ces nouveaux capitalistes n'hésitent pas à partager gratuitement certains de leurs « business conseils » et font des millions de vue sur Internet, à l'écart des grands médias.

Bien sûr, ces conseils, ces vidéos, constituent des produits d'appels pour l'achat de formations en e-business ou en e-commerce. Elles appartiennent à ce que l'on appelle le « personal branding » qui consiste à faire de la publicité autour de son entreprise en racontant son histoire, sa « success story », en partageant ses « skills », ses aptitudes, ses trucs. Pourtant, on se tromperait si l'on ne voulait voir dans ces émissions que des « attrape-couillons », des leurres destinés à permettre un enrichissement rapide. Ils reposent, au contraire, sur un savoir-faire et un savoir-être authentiques.

Sur chacune des chaines youtube de ces « infopreneurs » on découvre, en effet, une vraie logique de partage des connaissances qui peut aller des conseils professionnels pour monter son business à la philosophie stoïcienne antique, en passant par des conseils culinaires. L'éventail est large mais il a aussi de la profondeur.

Parmi eux, l'exemple de Yomi Denzel est particulièrement intéressant. Jeune infopreneur suisse, de langue française, spécialisé dans l'e-commerce, « Yomi », ainsi que l'appellent ses camarades, a fait fortune dans l'écosystème du net en créant ses propres sites de vente online et en proposant des formations pour les reproduire. A 25 ans, le chiffre d'affaire de ses entreprises s'élevait déjà à 25 millions d'euros.

Mais le plus intéressant n'est pas là. Passionné de développement personnel, tourné vers la recherche spirituelle et la méditation,

Yomi a traversé en 2022 un très grave épisode de dépression qui l'a amené à s'intéresser à la doctrine stoïcienne et à en partager la connaissance sur sa chaine youtube.

Dans plusieurs vidéos où il expose l'essentiel de l'apport du stoïcisme[67], il explique comment les grands principes de cette école de philosophie antique lui ont permis de sortir d'un état dépressif dont il ne parvenait pas à s'extraire et qui semblait même devoir le conduire au suicide. Or, il n'y a aucun doute possible, pas plus Epictète que l'empereur romain Marc-Aurèle ou le philosophe Sénèque ne toucheront de droits d'auteurs, il sont morts il y a bien trop longtemps. Il n'y a pas de conflits d'intérêt !

Aussi, lorsque Yomi Denzel fait la promotion de la vision du monde austère et vertueuse du stoïcisme, lorsqu'il vante le génie du *Manuel* d'Epictète ou des *Pensées pour moi-même* de Marc-Aurèle, lorsqu'il appelle à intégrer dans son « mindset », son « état d'esprit », la discipline des stoïciens qui étaient connus pour ne pas se plaindre, ne pas se présenter en victime, assumer leurs responsabilités et se « lever tôt le matin »[68], il actualise et remet au goût du jour une discipline mentale, un savoir-être « éthique » qu'il partage gratuitement avec l'ensemble de sa communauté d'internautes.

Cette communauté n'a d'ailleurs rien de sectaire. Yomi Denzel n'est pas Raël. Un lien profond, véritable, s'est créé avec son public, fondé sur la confiance, une confiance fondée sur une philosophie concrète du partage des connaissances.

Les internautes trouvent donc dans les vidéos des youtubeurs de la Tech française plus qu'une source d'inspiration, parfois d'authentiques solutions leur permettant de résoudre des problèmes professionnels ou des problèmes personnels. On ne saura jamais combien de suicides les vidéos de Yomi Denzel auront permis de prévenir[69].

Les structures informelles du web A côté de leurs chaines youtube respectives où ils prodiguent leurs conseils et reçoivent leurs invités, Oussama Ammar et Yomi Denzel ont créé une émission, « Sans permission »[70], à caractère plutôt informel où ils se rencontrent entre copains pour dialoguer, de manière libre, à bâtons rompus, sur des thèmes d'actualité, des événements qui les ont marqués, des histoires qui ont retenu leur attention.

Divers sujets y sont présentés, sans ordre spécifique apparent : drogues, arnaque, solitude, psychologie, influence, neuromarketing, argent, adultère, notoriété, hacking, télé-réalité, immobilier, gangs, faiblesse, prise de décision, complotisme, intelligence artificielle, fitness, drague, échecs, écologie, pesticides, bio-hacking, dépression, coaching, dopamine, philosophie etc.. Dans ce joyeux foutoir conceptuel on trouve un peu de tout, de la rigolade, mais aussi des remarques profondes.

Mais, là aussi, ce que l'on retrouve c'est cette « structure informelle » de la bande de copains que nous avions précédemment identifiée chez Entreprise et Cité, le groupe des jeunes loups de l'entrepreneuriat des années 80, celui des « Bébéar boys ».

On sent bien qu'autour de ces émissions où chacun apporte à la discussion son lot d'anecdotes et de franche rigolade se joue quelque chose d'analogue à ce qu'était l'incubateur des grands fauves des années 80. Oussama Ammar ne s'y est pas trompé puisqu'il déclare à qui veut l'entendre que « Sans permission » c'est un peu sa « thérapie », le divan où il peut s'allonger pour échanger en toute confiance sur l'état du business, mais aussi sur la société, sans crainte d'être mal compris ou repris de volée. Et, là encore, pas de trace de l'esprit du « loup des mers », de Wolf Larsen, mais plutôt celui de Brassens, des « Copains d'abord ».

L'esprit utopique des grands entrepreneurs du XIXeme siècle semble ne pas avoir quitté les entrepreneurs français de la Tech. Aux Emirats arabes unis, Oussama Ammar caresse le projet de créer un village 2.0, porté par la révolution numérique, doté des dernières innovations et de tout le confort possible. Bien sûr, ce projet n'est pas conçu dans l'esprit mutualiste du Familistère de Guise, ni du Phalanstère de Fourier. On est bien plutôt en présence d'une utopie à la Zardoz, le film de John Boorman avec Sean Connery, où une petite élite se réfugie dans un monde à part, isolé du reste des autres hommes.

Le ticket d'entrée dans ce village moderne, proche de Dubaï, sera bien trop élevé, inaccessible pour un smicard, un ouvrier agricole ou un ouvrier aux pièces. Mais il n'en demeure pas moins que subsiste dans cette vision futuriste quelque chose de l'esprit du capitalisme français des origines.

Plutôt que de nous en plaindre nous devrions d'ailleurs, sur un modèle plus collaboratif et plus égalitaire, lancer un peu partout en France des projets de villages futuristes qui seraient dotés des technologies de pointe. Voilà en tout cas une idée qui rendrait sans doute un peu au peuple français l'espoir qu'il a perdu et le sourire qui s'efface de son visage depuis trop longtemps. Toujours est-il que si un jour des villages de ce type naissent en France ce sera grâce à la force multiplicatrice du principe coopératif, du management à la française.

CONCLUSION

VERS LA COOPÉRATION INTÉGRALE

La culture de l'oubli Le préambule de la *Déclaration des droits de l'homme et du citoyen* (1789) proclame que « l'ignorance, l'oubli ou le mépris des droits de l'homme sont les seules causes des malheurs publics et de la corruption des gouvernements ». Dans la même perspective, on peut affirmer sans crainte de se tromper que « l'ignorance, l'oubli et le mépris de la culture, de la philosophie coopérative de l'entrepreneuriat français est la grande cause du malheur contemporain des entreprises ».

Malgré les efforts récents tentés par la GRH ou Gestion des Ressources Humaines dans le sens de la valorisation du principe de coopération[71], on n'est pas encore parvenu à comprendre à quel point le « principe coopératif » était la clé de résolution des problèmes internes à l'entreprise, comprise comme organisation ouverte sur le monde, perpétuellement obligée d'innover et d'apprendre, pour s'adapter à un environnement économique toujours plus chaotique et violent.

Au contraire même, confondant loi interne et loi externe, on a pris la loi de la sélection naturelle des plus aptes avec son corollaire, celui de l'élimination des plus faibles, comme le mécanisme qui devait présider à la régulation des rapports sociaux dans l'entreprise. C'est ce qui a conduit au drame de France Telecom.

En intégrant dans l'inconscient collectif des rapports sociaux la logique du darwinisme social à l'anglo-saxonne, telle qu'elle nous a été transmise par les penseurs anglais de l'époque victorienne, Francis Galton et Herbert Spencer, mais aussi par toute cette philosophie de « loup » des financiers américains des années 80, on a perdu ce qui faisait la spécificité du capitalisme à la française. Une certaine conception sociale, participative, volontiers consensuelle, nourrie de christianisme, de mutualisme et de socialisme révolutionnaire qui place l'homme au cœur de l'aventure entrepreneuriale. Jacques Laffitte, Jean-Baptiste Godin,

Pierre-Joseph Proudhon, les Frères Pereire, Charles de Gaulle, Michel David-Weill, même combat !

Le révisionnisme darwinien est allé même si loin que l'on en est venu à lire l'histoire récente du capitalisme français comme une simple histoire de « grands fauves » se déplaçant à la manière du lion, du guépard, de la panthère ou de la hyène dans la savane du capitalisme international.

Un regard plus attentif, nourri de la réflexion de la sociologie des organisations, des concepts de « structure informelle » ou de « management clandestin », chers à Michel Crozier et Michel Moullet, a permis de montrer qu'il n'en était rien.

Derrière les titres ronflants, souvent belliqueux et violents, des monographies spécialisées sur l'histoire des entrepreneurs du type Claude Bébéar, Didier Pineau Valencienne, Bernard Arnault ou Vincent Bolloré, on a pu découvrir un club informel, Entreprise et Cité, une bande de copains et une logique d'entraide, active, efficace, dans le plus pur style de Pierre Kropotkine et de Georges Brassens.

Rétrospectivement aussi, on comprend mieux l'erreur de cette société contemporaine de la désaffiliation qui, à force de vouloir faire disparaître les traces de son passé, à force d'arracher ses propres racines, finit par perdre sa culture, y compris d'entreprise et son propre gouvernail. Comment s'étonner que le « bateau France » soit ivre quand à sa tête le capitaine proclame que la « culture française n'existe pas » ?

C'est faire bien peu de cas de toute la réflexion de philosophes comme Hannah Arendt ou Simone Weil qui nous ont appris dans *La Crise de l'éducation* ou *L'Enracinement* les vertus de la transmission culturelle, de l'héritage, du patrimoine immatériel, du trésor que constitue le « passé qui nous pousse en avant bien plutôt qu'il ne nous tire en arrière ».

Le constat est clair, limpide, incontournable : sans ses racines culturelles, sans la connaissance intime de ce passé qui éclaire le présent et le futur, une société, une organisation, quelle qu'elle soit, ne peut que disparaître, à plus ou moins long terme.

Le management du management Pour retrouver nos racines, pour revenir aux fondamentaux du management à la française, il nous a semblé nécessaire de convoquer l'exemple et le souvenir de quelques uns de nos plus grands dirigeants d'entreprise. Que de leçons, en effet, à apprendre de ces hommes et de ces femmes qui ont, souvent contre vents et marées, bâti des organisations « à but lucratif », véritablement exceptionnelles, parvenant à faire partager leur passion aussi bien à leurs proches qu'à leurs salariés. Que ce soit Gustave Eiffel, André Citroën, Marguerite Boucicaut, Jacques Laffitte, les Frères Pereire, Michel David-Weill, Didier Pineau–Valencienne, Claude Bébéar, David de Rothschild, Serge Kampf, Bernard Arnault, Vincent Bolloré, Oussama Ammar ou Yomi Denzel : que d'aventures à évoquer et d'enseignements à tirer. L'un des premiers étant que l'on ne réussit jamais seul, que toute réussite est, toujours, en dernière analyse, le produit d'un effort collectif, d'un groupe. De même, lorsque l'on meurt, c'est souvent parce que l'on est attaqué par un autre groupe.

Ce faisant, nous nous sommes intéressés à ce qu'il convient d'appeler le « management du management », les « managers des managers », c'est-à-dire les véritables entrepreneurs, ceux qui prennent un risque, avec leurs fonds propres, parfois avec leur vie même. Ceux-là même qui, pour reprendre le titre d'un livre de Nassim Nicolas Taleb, mettent leur « peau en jeu », « Skin in the game »[72].

Car, au fond, c'est en évoquant leur parcours, leur histoire que l'on pouvait se donner les moyens de comprendre quel est le principe déterminant de leur action, principe coopératif ou principe darwinien, altruisme ou égoïsme. Pour le savoir, il fallait interroger le destin souvent singulier de ces « gens à gages incertains » comme les nomme l'économiste franco-irlandais Richard Cantillon[73] dans son *Essai sur la nature du commerce* (1755).

De ces entrepreneurs nous avons pu observer également – en suivant le mot de Jean-Baptiste Say dans son *Cours complet d'économie politique pratique* (1828) – ce qui constitue l'une de leurs principales qualités, la « qualité de jugement » ; ce que l'on appellerait aujourd'hui le « flair », le « sens des opportunités » mais aussi celui des situations et des hommes.

Pourtant, ce qui nous a le plus marqué, quel que soit par ailleurs le profil psychologique ou l'histoire personnelle de chacun de ces créateurs d'entreprise, c'est leur sens du collectif.

Qu'ils soient autoritaires comme Louis Renault ou plutôt « cool » comme Claude Bébéar, nés à Grenoble comme Serge Kampf ou en Vendée comme Didier Pineau-Valencienne, exubérants comme André Citroën ou austères comme Bernard Arnault, tous ont en commun d'avoir un sens du management collectif, un sens aussi de l'engagement patriotique qui leur a fait, longtemps, défendre une certaine idée de la France.

Car une entreprise n'est pas le produit de la volonté d'un seul homme, d'un *self made man* à l'américaine. C'est une organisation en devenir, en perpétuelle évolution où il faut prendre des décisions, souvent dans l'urgence, aller chercher des soutiens financiers, apaiser des tensions sociales. Toute une activité professionnelle qui vous jette d'emblée dans le champ social, dans le grand bain de l'aventure humaine.

Du Familistère de Jean-Baptiste Godin à The Family d'Oussama Ammar, de l'usine de Boulogne Billancourt de Louis Renault à celle du quai de Javel d'André Citroën, du Crédit Mobilier des frères Pereire à la Banque Lazard de Michel David Weill, de la Tour de Gustave Eiffel à son Laboratoire de recherche en aérodynamique que d'incroyables aventures, toutes plus passionnantes les unes que les autres.

Leur existence même est la preuve de la puissance du génie créatif individuel et du génie collectif, du calcul d'intérêt bien compris et de la soif de coopération.

Une thérapie collective Cette réflexion sur le management à la française s'inscrit également dans ce que l'on pourrait appeler la perspective d'une thérapie collective. Il se pourrait, en effet, que ce que l'on a appelé le « Mal français » réside moins dans une série de blocages ou de freins, d'archaïsmes sociaux que dans une division, une séparation, une fissure fondamentale d'avec nous-mêmes. Et c'est cette division qui aurait besoin d'être réparée, cette brèche qu'il nous faut désormais colmater.

C'est aussi et peut-être surtout parce que ce que l'on appelle, – en psychologie des profondeurs le « Soi » –, le Moi profond de la France est méconnu, que le pays se trouve dans la situation de blocage où il semble se complaire.

L'éloignement des valeurs coopératives profondes qui constituent la vérité de l' « inconscient collectif » du management à la française joue sans doute un rôle non négligeable dans le renforcement de ce « Mal français » que l'on se plait à dénoncer depuis tant d'années. Il accentue la division d'avec soi-même, d'avec ce qui constitue la vérité ultime de la « praxis » salariale comme de la pratique entrepreneuriale authentique. Celle-ci peut se résumer en deux mots, elle est d'abord et avant tout une « aventure collective ».

En nous éloignant de la figure, de l'archétype, du modèle de l'entrepreneur fédérateur ou du salarié coopérateur, c'est tout l'écosystème du capitalisme à la française que l'on a remis en question. Dès lors, la division, l'opposition, la contradiction entre les parties (patrons/ouvriers, direction/salariés) ne pouvait que se renforcer, la brèche s'agrandir.

En remplaçant l'entrepreneur social par le self made man, le salarié coopérateur par l'individu consumériste, préoccupé de ses petits intérêts immédiats, nous avons posé les bases de la désorganisation collective dans laquelle nous évoluons désormais. Comment s'étonner dès lors que les personnes soient, particulièrement en France, malheureuses au travail – ainsi que le montrent plusieurs études récentes ?

Là encore, c'est la perte de nos racines, de notre culture entrepreneuriale fondamentale qui est en cause. C'est parce que nous ne parvenons plus à « faire valoir l'héritage que l'on a reçu indivis » – selon le célèbre mot d'Ernest Renan dans *Qu'est-ce qu'une nation ?* – que nous sommes tous, collectivement, dans le mal-être, quand ce n'est pas carrément dans la souffrance psychique ou les risques psycho-sociaux.

Encore une fois « l'ignorance, l'oubli et le mépris » dont parlaient les révolutionnaires français de 1789 – Mirabeau en tête – sont les véritables causes de notre malheur et de notre « corruption », mot qu'il faut comprendre comme synonyme de notre « malaise civilisationnel », pour parler comme Sigmund Freud et Carl Gustav Jung[74].

Parce que nous nous sommes montrés incapables de résister à la figure hypnotique du héros darwinien, façon Wolf Larsen ou du « tueur » anglo-saxon façon Gordon Gekko, parce qu'aussi nous nous sommes égarés dans la conception allemande, ultra-conflictuelle, de la « lutte des classes » façon Karl Marx, nous avons perdu le fil d'Ariane qui nous rattachait à notre histoire sociale collective. Une histoire qui n'est pas aussi tragique, sombre et désespérée que la critique « progressiste » du roman national a voulu nous le faire croire.

C'est dans cette perspective, celle d'une authentique « thérapie collective », destinée à nous réconcilier avec nous-mêmes, que nous avons évoqué toutes ces figures fédératrices de l'entrepreneuriat français mais aussi tous ces grands mouvements populaires, comme l'expérience mutualiste, qui ont permis à la France de résister, de se renforcer et même de surnager au milieu des vagues déchaînées du capitalisme mondialisé.

Tous ensemble, tous ensemble A rebours des théories anglo-saxonnes qui ne veulent donc voir dans le management entrepreneurial qu'une aventure de loup solitaire, une balade sur la goélette de Loup Larsen, mais aussi à l'opposé de la conception marxiste qui considère le capitalisme comme un mode de production miné par des contradictions irréductibles entre le capital et le travail, la bourgeoisie et le prolétariat, il nous a semblé intéressant de revisiter l'histoire du capitalisme à la française, pour en tirer, ainsi que l'enseigne Rabelais, la « substantifique moelle ».

Sans nier les moments de tensions, de violence, parfois sanglants, qui ont émaillé l'histoire de la répression du mouvement ouvrier français, de la fusillade d'Aubin à celle de Fourmies, il nous est apparu qu'il n'était pas inutile de mettre en avant les stratégies coopératives que le patronat français, lui-même, a pu élaborer en vue d'apaiser les tensions sociales.

Encore une fois, tout le monde n'a pas adopté la logique conflictuelle des patrons de choc du style de Louis Renault. Beaucoup, au contraire, auront cherché, une autre voie, plus consensuelle, destinée à assurer à la fois l'équilibre social interne à l'entreprise et la pérennité des bénéfices.

Or, cela, dans le cas français, s'explique par une double tradition. D'une part celle du capitalisme d'inspiration catholique, volontiers paternaliste, incarné par Marguerite Boucicaut ou plus près de nous par le groupe Mulliez. Très tôt, ce capitalisme « familial » s'est montré ouvert à la question des conditions de travail des ouvriers et a cherché à développer une logique « participative » qui le place résolument du côté du principe de l'association entre le Capital et le Travail. Cette participation tant rêvée par le général de Gaulle, mais à laquelle ont souscrit également plusieurs des chefs d'entreprise du groupe « Entreprise et liberté ». Voilà une attitude altruiste intéressante !

Par ailleurs, une autre tradition s'est développée en France, celle d'un capitalisme laïc, souvent nourri de rêves utopiques, comme ceux de Fourier. Il va conduire, via la pensée de Pierre Joseph Proudhon et l'expérience du Familistère de Godin, à l'élaboration d'un grand mouvement mutualiste et coopératif dont les traces sont toujours présentes dans notre environnement économique. Il s'agit d'un secteur dont on ferait bien de promouvoir les valeurs de partage. Elles peuvent être très utiles aux managers d'aujourd'hui comme à ceux de demain.

De très grands groupes bancaires et assuranciels, mais aussi agricoles et commerciaux ont hérité de cette tradition de l'économie coopérative. Force est de constater, dans un milieu pourtant violemment concurrentiel et darwinien, qu'ils tirent plutôt bien leur épingle du jeu. La vitalité de groupes comme E. Leclerc, Crédit Mutuel, BPCE ou Crédit agricole en est la preuve.

Ce mouvement coopératif a également trouvé un nouvel essor à travers le développement de l'Economie solidaire et sociale qui, si elle ne présente pas de but lucratif immédiat, démontre néanmoins sa capacité d'innovation dans bien des domaines. Il n'est d'ailleurs pas surprenant que le Crédit mutuel ait récemment donné 12,5 millions d'euros à la Croix-Rouge et aux Banques alimentaires, ou qu'il ait créé un fonds destiné à développer des projets de types solidaires et sociaux. Car, même si ce groupe a, pour sa part, un but lucratif, il s'inscrit naturellement, – c'est son Adn, son histoire –, dans le cadre du développement d'une économie « altruiste ».

Est-ce à dire pour autant que le capitalisme va devenir, comme par magie, un paradis sur terre dont toutes les contradictions, les tensions seraient naturellement appelées à disparaître ? Il ne nous semble pas. La sociologie des organisations nous a appris – à travers le concept de « complexité croissante » développé par Michel Crozier ou la reconnaissance du caractère inéluctable de la conflictualité humaine dont parle Jacques Rojot[75], l'auteur de *La Négociation* – que « le conflit est permanent dans nos sociétés et dans les organisations qui en font partie ». Le conflit – ainsi que l'avait déjà compris, dans l'antiquité, le philosophe grec Héraclite d'Ephèse–, est « le père de toute chose ».

Il ne s'agit donc pas tant de le faire disparaître ou de l'effacer – ce qui relèverait, en réalité d'un discours irréaliste ou manipulateur, comparable aux envolées productivistes de l'ex-URSS – mais de lui substituer des stratégies collaboratives, participatives qui ont fait la preuve de leur efficacité, en terme de management, dans le monde de l'entreprise. Toutes les recherches sur le développement d'un management « qualitatif » – où les relations entre les groupes, à l'intérieur de l'entreprise, sont comprises comme s'inscrivant dans un système de négociations ouvertes, non biaisées, à gain mutuel–, vont dans ce sens.

Peut-être évoluerait-on alors vers ce que Didier Pineau-Valencienne appelle, dans *Soleil et sympathie*, un capitalisme « partenarial »[76]. Après la période du capitalisme « patrimonial », celui des grandes familles, au XIXeme siècle, après le capitalisme « managérial » du XXeme siècle, avec ses grandes usines mises en coupe réglée par le système du taylorisme, après le capitalisme dérégulé, « actionnarial », apparu à partir des années 70, avec sa survalorisation des profits boursiers, ses ROE (Return on equity), ses OPA et ses OPE, on verrait alors advenir un capitalisme plus conforme à la tradition française, fondée sur un véritable contrat de confiance entre le Capital et le Travail. Que souhaiter de mieux pour les générations futures ?

[1] Dans *L'Entraide un facteur de l'évolution* Kropotkine complète et nuance la pensée de Darwin en expliquant que les espèces qui se livrent à une violente lutte interne, intraspécifique, ont tendance à disparaître. Au contraire, celles dont les individus coopèrent, survivent et se démultiplient.

[2] Dans *L'Origine des espèces* Darwin explique la modification de la descendance des espèces par le mécanisme de la sélection naturelle, le principe de la « survie du plus apte », du plus fort. Amalgamée à la théorie d'Herbert Spencer(1820-1903), la théorie de Darwin a pris le nom d'évolutionnisme. Lorsqu'elle est appliquée à la description du fonctionnement des sociétés, elle se nomme alors « darwinisme social » et peut servir de justification à l'élimination des plus faibles, notamment des plus pauvres.

[3] Jean-Baptiste André Godin (1817-1888) : Fils de serrurier, industriel de génie, porté par l'idéal coopératif et mutualiste, il fonda, après plusieurs échecs, le Familistère de Guise. Il écrivit de nombreux ouvrages où il tirait tous les enseignements philosophiques de son expérience sociale et économique : *Solutions sociales* (1871), *Mutualité sociale et association du capital et du travail* (1880). Il fut aussi député sous la Troisième république (de 1871 à 1876).

[4] Pierre-Joseph Proudhon (1809-1865) : Ouvrier typographe, comptable, entrepreneur, Proudhon entra dans la carrière des lettres avec la célèbre formule : « La propriété c'est le vol ! ». Théoricien foisonnant, il produisit un modèle de banque d'échange mutualiste qu'il appela la Banque du peuple. Bien qu'avortée,

cette expérience devait servir de base au développement des banques de crédit populaire à caractère mutualiste. Il est considéré comme l'un des grands penseurs du mouvement coopératif.

[5] Touraine Alain. Le rationalisme libéral de Michel Crozier. In : Sociologie du travail, 6e année n°2, Avril-juin 1964. pp. 188-197

[6] Crozier Michel. L'Etat modeste, une grande ambition. In : Politiques et management public, vol. 7, n° 2, 1989.

[7] « La stratégie de changement vise non pas à la destruction de l'adversaire, mais à sa transformation en partenaire. » Crozier Michel. La crise bureaucratique. In : Revue française d'administration publique, N°15, 1980. pp. 111-122

[8] www.entreprise.coop, coopfr, observatoire national de l'ESS, voir aussi les autres chiffres en ligne : 22600 entreprises coopératives, 1,3 millions de salariés, 30 millions de parts sociales. En 2020 les 100 plus grandes entreprises coopératives françaises ont réalisé un CA consolidé de 257 milliards d'euros.

[9] Construit de 1858 à 1883, à Guise, dans l'Aisne, par l'industriel J.-B. Godin (1817-1888), le Familistère réunissait les ouvriers des usines Godin. Classé monument historique depuis 1991, il est considéré comme l'une des expériences coopératives les plus avancées du XIXeme siècle. Le Familistère fut construit en référence au Phalanstère du philosophe utopiste Charles Fourier (1772-1837).

[10] Claude Bébéar : né en 1935 en Dordogne, Claude Bébéar est polytechnicien. Il créée AXA en 1985. En mai 2000, il cède sa place de président du directoire à Henri de Castries et devient président du conseil de surveillance de cette société.

[11] Pierre Kropotkine (1842-1921) : Géographe, biologiste et explorateur russe, prince de sang royal, Kropotkine est considéré avec Proudhon et Bakounine comme l'un des grands théoriciens de la pensée libertaire et coopérative. Il a développé ses thèses dans *Paroles d'un révolté* (1885), *La Conquête du Pain* (1892), *L'Entraide un facteur de l'évolution* (1902) et *L'Ethique* (1921).

[12] Yvan du Roy, *Orange stressé. Le management par le stress à France Telecom*. La Découverte ; Paris, 2009.

[13] Bernard Nicolas, Les Inrockuptibles, « Humiliation, dépression, démission : l'offre triple play de France Télécom », 25/09/2010.

[14] Francis Galton, (1822-1911) : Cousin de Darwin, spécialisé dans les études sur le problème de l'hérédité, de la statistique et de la biométrique, Galton est considéré comme le père de l'eugénisme. Il a inspiré les théories de l'hygiène raciale, en Scandinavie, aux Etats-Unis et en Allemagne dans la première moitié du XXeme siècle.

[15] Julien Brelaz, France Bleu Poitou, Suicides chez France Telecom : « Les anciens dirigeants ont du sang sur les mains ». 05/05/2019. Voir aussi Romane Ganneval, « France Telecom, un Procès hors-norme », La Croix, 06/05/2019 ; Emeline Cazi, Suicides à France Telecom : des dirigeants menacés de poursuites pour harcèlement moral, Le Monde, 24/06/2016.

[16] Sylvain Bersinger, *Les Entrepreneurs de légende français*, tome 2, enrickb-editions, p.28

[17] Sylvain Bersinger, *Les Entrepreneurs de légende français*, tome 1, enrickb-editions,

p.93

[18] Sylvain Bersinger, *Les Entrepreneurs de légende français*, tome 1, enrickb-editions, p.51

[19] Christophe Labarde, *Les Grands fauves*, Plon, 2021 p.132

[20] En grec le terme « zoon politikon » signifie animal politique. Ce concept est utilisé par Aristote dans sa Politique, I, 2, (traduction Tricot) : « l'homme est par nature une animal politique ».

[21] Léon Blum, A l'échelle humaine, Gallimard, NRF, 1945

[22] Michel Moullet, Le Management clandestin, Inter éditions, Paris, 1992

[23] Christophe Labarde, *idem*. pp. 37 et 298-299

[24] Frédéric Nietzsche, *Le Crépuscule des idoles*, Maximes et pointes, N° 44, (traduction Henri Albert), « Formule de mon bonheur : un oui, un non, une ligne droite, un but... »

[25] « Maîtriser serait déjà en fait simplifier et ordonner. C'est à travers le développement de nouveaux moyens ou plutôt de nouvelles méthodes que l'on diminue la complexité. » Crozier Michel. La crise bureaucratique. In : Revue française d'administration publique, N°15, 1980. pp. 111-122

[26] Variantes. *La Nouvelle Bible Segond*. « Que votre parole soit « oui, oui », « non, non » ; ce qu'on y ajoute vient du Mauvais. » *Traduction œcuménique* (2010) : « Quand vous parlez dites « Oui » ou « Non » ; tout le reste vient du Malin. »

[27] « Bourgès avait admiré sa capacité à trouver des solutions à tous les problèmes du chantier, et salué son approche très réaliste des délais. Le jeune homme s'était révélé aussi bon négociateur que meneur d'hommes. » Christine Kerdellant, *La Vraie vie de Gustave Eiffel,* chapitre 6, p. 109.

[28] Christophe Labarde, *ibid*. p 56.

[29] Max Weber, *L'Ethique protestante et l'esprit du capitalisme*, (1904).

[30] Voltaire, *Candide*, « Tous les événements se sont enchaînés dans le meilleur des mondes possibles ». Il s'agit de la phrase répétée par Pangloss et qui ridiculise, dans l'esprit de Voltaire, la philosophie « optimiste » de Leibniz.

[31] Ce qui n'empêchera pas qu'en 1899, après 30 ans de calme social relatif, une série de grèves démarre au Creusot, dans l'usine Schneider. Un tableau de Jules Adler (1865-1952), La Grève au Creusot (1899), conservé au musée des Beaux-arts de Pau, en témoigne. Pire, même, en janvier 1870, une grève avait été mâtée par 4000 hommes de troupe envoyés par Napoléon III.

[32] Jean XXIII, Encyclique *Mater et Magistra* (1961). Les notions d'entreprise coopérative, d'union coopérative, de coopérative, de coopérateur, d'institutions coopératives et de coopération sont omniprésentes dans le texte.

[33] Sur la notion de « paradis laïque » entendue au sens d'entreprise économique et sociale alternative voir Jules Sageret, *Paradis laïques*, Mercure de France, Paris, 1908.

[34] Sur l'apport de Godin à l'économie coopérative voir Jean François Draperi, *Godin inventeur de l'économie sociale, mutualiser, coopérer, s'associer*, éditions Repas, 2021.

[35] « Le principe de coopération, associé au phénomène de la vie est au cœur de

la réflexion de J.-B. Godin : « Manger, boire, se vêtir, se loger, travailler, se reposer, se récréer, se livrer aux affections de l'amour et de la famille, étudier, s'instruire, pénétrer les secrets de la nature, enfin coopérer par ses actions au progrès de la vie générale, tels sont les besoins généraux de l'espèce humaine. » *La République du travail et la réforme parlementaire*, I, 1.

[36] T. Baudet, L.Pierron, *La Mutualité*, Collection « Que sais-je ? », 2018, chap. IV, p.96. Pour les entreprises coopératives le chiffre est de 22600 entreprises coopératives soit 1,3 millions de salariés, ce qui représente 5% de l'emploi salarié (source coopfr/2020).

[37] Emmanuel Chadeau, *L'Economie du risque : les entrepreneurs de 1850 à 1890*, Olivier Orban, 1988, chapitre IV, p.103.

[38] Jacques Laffitte, *Caisse générale du commerce et de l'industrie, statuts de constitution définitive*, Didot, Paris, 1837.

[39] Pierre-Joseph Proudhon, *Résumé de la question sociale, Banque d'échange*, Garnier, 1849.

[40] Jules Méline (1838-1925) : Ancien président du Conseil de ministres, ministre de l'agriculture, créateur de l'ordre du mérite agricole, il favorisa la création des caisses agricoles gérées, au départ, par les syndicats d'agriculteurs.

[41] Charles André, *La Banque des quatre saisons, histoire du crédit agricole*, éditions lyonnaises d'art et d'histoire, 1992.

[42] Martine Orange, *Ces messieurs de Lazard*, Albin Michel, 2006, p. 10 : « C'est un système darwinien à l'état pur. On n'y connaît que la sélection naturelle ».

[43] Martine Orange, *Idem*, p. 181. L'expression « capitalisme de connivence » est également utilisée par un financier, gestionnaire de portefeuilles, Charles Gave, mais en un sens plus large. Elle lui permet de dénoncer les institutions qui se situent trop près du pouvoir pour en tirer tous les dividendes et profiter au maximum de ce que l'on appelle en économie « l'effet Cantillon », notamment lors d'émission de grandes masses monétaires. Il est intéressant de noter que, libéral d'obédience stricte, mais appartenant au monde du « capitalisme catholique », Charles Gave se situe aux antipodes de la philosophie du chaos de George Soros dont il dénonce régulièrement la dureté.

[44] *Ibid*, p. 183 : « Au fur et à mesure des opérations de privatisation, Lazard devient l'un des architectes du capitalisme français, associé à la constitution des noyaux durs, des participations croisées ».

[45] Martine Orange, *Idem*, chapitre XX, « Au bord du précipice », p. 209 et suiv.

[46] Christophe Labarde, *Idem*, « Une amitié de luxe » pp. 399 et suiv.

[47] Christophe Labarde, *Ibid*, « l'entreprise et la cité », p.130

[48] Christophe Labarde, *Idem*, « De Belbeuf à Wall Street », p.137.

[49] Christophe Labarde, *Idem*, « Les Chars russes », p.65.

[50] Christophe Labarde, *Idem*, « Les Bretons et les Gascons », p.361.

[51] labourseetlavie.com, « Je suis désespéré de voir que les 40 sociétés du CAC40 sont toutes détenues par des étrangers », entretien réalisé par Didier Testo, 03/03/2020.

[52] Christophe Labarde, *Idem*, « Clap de fin », p.446 : « Nous avons tout de suite acheté une page dans Le Monde pour soutenir DPV, se souvient Daniel Laurent. »

[53] Didier Pineau-Valencienne, *Soleil et Sympathie*, éditions du cherche midi, Chapitre 4, « Chez Gallimard, avec Albert Camus ».

[54] Cooper-Richet Diana. La foule en colère : les mineurs et la grève au XIXe siècle. In : Revue d'histoire du XIXe siècle, Tome 17, 1998/2. Les foules au XIXe siècle. pp. 57-67.

[55] *Idem*, p.65.

[56] Emmanuel Chadeau, *L'Economie du risque*, Partie I, chapitre II, p.58.

[57] Christophe Labarde, *Idem*, « Un Gascon qui assure », p.56.

[58] Didier Pineau-Valencienne, *Soleil et Sympathie*, « Des entreprises en partage », p.166.

[59] *Capital*, Noah Sdiri, « Cette entreprise lyonnaise a instauré les « congés illimités » avec succès », 27/02/2024.

[60] Christian Thuderoz, *Enjeux sociaux et pratiques des formations conjointes à la négociation collective*, In : Annales des Mines - Gérer et comprendre 2018/4 (N° 134), pages 14 à 23 Éditions Institut Mines-Télécom.

[61] Pour lire un article critique mais plutôt équilibré sur Oussama Ammar voir, Arthur Cerf et Thomas Giraudet, « On verra bien si je vais en prison », Vanity fair, 08/11/2022.

[62] L'idée était de présenter les « startupers » comme de nouveaux barbares fondant sur une « industrie classique vieillissante », l'équivalent de Rome au temps des invasions barbares.

[63] Aurélie Barbaux, « The Family, nouveau concept-lieu pour Paris Capitale du numérique », L'Usine digitale, 05/04/2013.

[64] Jean Pierre Gonguet, « The Family, une structure où les start-ups grandissent et se différencient », La Tribune, 2014 ; « The Family accompagne les entrepreneurs sans limites de temps », Les Echos, 02/04/2017

[65] « The Family élargit sa palette et se dote de 15 millions d'euros », business.lesechos.fr, 11/09/2018

[66] Jamal Henni, « L'incubateur The Family attaque en justice son co-fondateur Oussama Ammar », *Capital*, 30/08/2022 ; Isabelle Chaperon, « The Family, incubateur star de la French Tech, se déchire dans une bataille judiciaire, *Le Monde*, 22/02/2023.

[67] https://www.youtube.com/@Yomidenzel « Stoïcisme : 10 leçons pour Reprendre le Contrôle de votre vie » ; « Stoïcisme, Surpasser 99% de la population » ; « Stoïcisme : 8 principes qui vous rendront INARRETABLE. » ; « La Pratique effrayante qui te rend invincible (Introduction au stoïcisme).

[68] Marc-Aurèle, *Pensées pour moi-même*, livre V, I, (traduction Jules Barthélémy-Saint-Hilaire) : « Le matin, quand tu as de la peine à te lever, voici la réflexion que tu dois avoir présente à l'esprit : « Je me lève pour faire mon œuvre d'homme ; je vais remplir les devoirs pour lesquels je suis né et j'ai été envoyé en ce monde. Pourquoi

donc faire tant de difficultés ? Ai-je été créé pour rester ainsi chaudement sous les couvertures. » C'est le genre de conseils dont un entrepreneur efficace peut faire son profit.

[69] https://www.youtube.com/@Yomidenzel « J'ai pensé au suicide...8 clés pour surmonter la dépression. »

[70] https://www.youtube.com/@sanspermissionpodcast

[71] Gérard Taponat, *DRH une aventure humaine*, De Boeck, 2020, chap.2. 10, p.62 et chap. 3, 2. « la pédagogie des équipages ».

[72] Nassim Nicholas Taleb, *Jouer sa peau : Asymétries cachées dans la vie quotidienne*, Les Belles lettres, 2018.

[73] Richard Cantillon (1670-1734) : proche du financier John Law, est l'un des premiers économistes à avoir mis en lumière le rôle de l'entrepreneur, comme étant au cœur du processus de la création de richesses. Ses analyses préfigurent celles de Joseph Schumpeter (1883-1950) dans ce domaine.

[74] Véronique Liard, C.G. Jung et le malaise social dans le monde occidental ; In : Sociétés 2003/4 (no 82), pages 93 à 106 Éditions De Boeck Supérieur
,

[75] « La communauté des chercheurs et universitaires s'intéressant à la négociation est significative, et sa production abondante. Pourquoi cet apport théorique est-il aussi négligé par la pratique ? » Entretien avec Jacques Rojot, Entretien réalisé par Christian Thuderoz, Aurélien Colson ; In : Négociations 2019/2 (n° 32), pages 121 à 143, Éditions De Boeck Supérieur.

[76] Didier Pineau-Valencienne, *Soleil et Sympathie*, chap. 8, p.164.

www.ingramcontent.com/pod-product-compliance
Lightning Source LLC
Chambersburg PA
CBHW071952210526
45479CB00003B/906